青岛市社科规划研究项目（QDSKL1801288）

青岛武术研究

（1920—1949）

王开文　著

人民体育出版社

序

王开文先生的《青岛武术研究（1920—1949）》就要问世了，这是一部深度发掘民国时期青岛武术历史的专著，凝结了著者的许多心得，展示了山东体育学者的研究能力，是一部值得阅读、值得收藏的好书。

青岛是一座美丽的城市，从它耀眼于世的那一刻起，山东精英就开始进入这座多元素的城市，其中就包括武林人士。众所周知，武术是中国的国粹，体现了中华民族强身健体、永葆活力的技能和精神，就是在多灾多难、国势日衰的近现代，中华武术也没有消沉。这一点，我们可从民国时期的青岛武术中看出深刻的迹象。

20世纪的民国年代，青岛武术界积极配合中央国术馆和山东省国术馆，在青岛地区创办国术馆，聚集武林高手，组织武术培训，推广武术教育，举办武术活动，搞得绘声绘色，成为全国武术界共同瞩目的亮点。遗憾的是，这段青岛武术的短期辉煌，随着时光的流逝已然湮没于历史的长河之中，让现代人多少有些淡漠。

然而，我山东学者中，自有能将武术和历史联合阐发的志士能人，他们不会让山东以往的武术精髓销声匿迹，他们能够用历史研究的能量和武术发掘的能力，再现齐鲁武林的雄健遗风。王开文先生就是这其中最杰出的一位研究者。

王开文自幼习武，深谙中华武术的奥秘；他多年从事体育教学，深知把武术传递给学生的途径；他更是长期埋头于山东武术历史的研究，为此而倾注心血。肢体习武、身行教学、凝思钻研，这三点的长期付出，终于换来了一部武术历史探索的专著——《青岛武术研究（1920—1949）》。当翻开这部著作，阅读青岛武术历史的那一刻，我们便会感觉到一个山东武术历史研究者所付出的艰辛和努力！

我与开文相识日久，既是他的师长，也是他的好友。看到他不惜耗费毕生精力去搜索历史史料，不惜生活清苦而坚定从事武术研究，由衷敬佩，也难免心疼。所以，当《青岛武术研究（1920—1949）》定稿付梓之时，我欣然为之作序。

山东社会科学院历史所研究员王赛时　谨序于济南

前　言

追寻历史武风，诉说传奇故事，谈论逸闻趣事，叙述人物事迹，是广大武术爱好者的生活乐趣，也是武术文化传承的组成部分。然而，在搜集到的有关记述青岛武术发展方面的作品，未免多有错讹、陈陈相因。未能全面、具体、生动地反映出青岛武术真实的发展概貌，及其曾于全国处于领先地位的历史史实，这与青岛文化强市的要求存在差距与不足。因此，对青岛武术发展作一系统梳理与研究迫在眉睫，这对于充实武术史研究和地方文化建设具有现实意义。

民国离我们并不遥远，但时过境迁，有许多问题已经说不清道不明。比如：20 世纪 20 年代上半叶，青岛武术究竟如何；青岛国术馆何时建立，其采取过哪些办学措施与方略，举办过哪些市内竞赛活动，参加过哪些全国和地区性竞赛活动，取得成绩如何；日伪时期青岛国术如何；抗战胜利后青岛国术如何等。一系列人物、事件及变故，有待于作出更加清晰明了的解答。

或因祖籍青岛的缘故，平时阅读、查阅资料，自觉不自觉地收集到部分青岛武术方面的资料。而当完全将注意力集中于此，获得越来越多的资料，经过不懈努力，眼前的情景变得迥然不同——似有“那人却在灯火阑珊处”之感了。

第一手资料的获取，来源于山东省图书馆、山东省档案馆、中国国家图书馆、北京大学图书馆、南开大学图书馆、中国第二历史档案馆、青岛市图书馆、青岛市档案馆。查阅了民国时期的《山东民国日报》《山东日报》《济南日报》《华北新闻》《中国青岛报》《青岛时报》《青岛民报》《青岛新民报》《青岛公报》《青岛健报》《青岛晚报》《公言报》《军民日报》《大民报》《平民报》《民众日报》《民报》《民言报》《民言报晚刊》《顺天时报》《东海日报》《申报》《天津益世报》《大公报（天津版）》等报纸和馆藏档案，以及书籍、期刊、杂志。

有一分材料说一分话，原汁原味，述而不评。尽管竭尽己能，仍难以完整重塑民国青岛武术概貌。目之所及，或有遗漏；资料选用，当有取舍。文中所述事例，采用当页脚注的形式，释出史料来源。语言表述力求通俗易懂，以使学术性兼具可读性。本书分为五章，前四章分述不同时期青岛武（国）术概况。因大部分武术人物在前四章多有涉及，故第五章仅作简略叙述。另附照片 50 余张，以求生动有趣、图文并茂。

青岛武术值得大书特书，值得研究品味，值得继承传播、发扬光大。欲谋发展，须有发现。这有赖于我们对史实的把握与理解。温故知新，以史为鉴，是以明得失、鉴是非、知兴替、辨善恶。

文中有“武术”“国术”联用现象。“武术”相对宽泛，普适性较强。“国术”确立于 1928 年，1928 至 1949 年期间使用“国术”较为确切。民国时期，以“武术”涵盖叙述，似更全面。

但愿本书能为渴求了解青岛武术历史与文化者有所助益，能为青岛武术发展有所助益，能为青岛文化强市有所贡献。

目 录

第一章　民国初年青岛武术（1920—1928）

青岛昔为穷乡僻壤，文化风尚，漫不可考。1897年，青岛开埠，清政府租与德国，辟为商埠，招徕商贾，建筑港湾炮垒，以为军事根据地。本地土著逃亡，工商于异族铁蹄下生活，犹无教育可言，何尝体育。第一次世界大战德国战败，将青岛交与日本。商旅日趋繁荣，华裔日见增多。然华人体育，情景不殊[①]。

青岛早期武术组织　直皖战后，马良于1920年11月移居青岛[②]，山东军士武术传习所随之解体。部分教官追随马良赴青岛传艺，韩愧生、王子平、杨明斋等先后鹜集青岛，对青岛武术启蒙起到一定作用。

20世纪20年代上半叶，青岛市陆续出现了多个武术组织。

中华武术会　马良隐居青岛，终日闲暇，遂发起组织中华武术会。会址设于三江会馆。马良被选为会长，武术教师为马良旧部王子平等。一时入会者颇称踊跃，所著成绩亦属良好[③]。中华武术会为练习中华新武术及各种运动之所[④]。（图1-1～图1-3）

青岛武术体育社　1922年成立，受社会善士慨捐巨款，同襄善举，订有简章。至1925年4月，已历三年，成绩颇佳[⑤]。

---

① 宋公楷. 青岛市体育事业之回顾［J］. 体育周刊，1934（2）：1.

② 山东武术传习所一览［M］. 1925.

③ 班鹏志. 接收青岛纪念写真［M］. 1924：200.

④ 叶春墀. 青岛概要［M］. 上海：商务印书馆，1922：34.

⑤ 特别广告［N］. 中国青岛报，1925-4-6（2）.

图 1–1　马良（右上）、王子平（左上）及芝罘路三江会馆

（采自《接收青岛纪念写真》）

图 1–2　中华武术会会员演武情景

（采自《接收青岛纪念写真》）

国技学社　1922 年，韩愧生创办于齐燕会馆。入社学生多为商界人士及附近居民子弟。1926 年，韩愧生辞世，杨明斋接办。1929 年停办①。

武术实益会　1925 年 5 月，武术同好为谋娱乐学艺，组织成立武术实益会②。

这些武术组织系属民间团体，完全出于自发，不带任何官方性质。1925 年，国（武）术同仁有国（武）术馆之酝酿。而街头巷陌，演武授艺者，实繁有徒③。

图 1–3　中华武术会幼童班全体会员合影

（采自《接收青岛纪念写真》）

① 山东省志·体育志［M］. 济南：山东人民出版社，1993：34.

② 胶澳志·卷三·民社志九·结社［M］. 1928：106.

③ 宋公楷. 青岛市体育事业之回顾［J］. 体育周刊，1934（2）：1–2.

第二章　民国中期青岛国术（1929—1937）

1922年，青岛接收之后，国士鹜集，尤多英俊之辈或眷怀武术之士，声应气求。青岛教育方始萌芽，小学不满十所，中学仅私立胶澳中学一处。1924年1月，青岛中华体育会成立，其贯通中西体育，提倡田径、球类、游泳和武术，逐渐推进①。

第一节　青岛国术馆之初创

1928年，中央国术馆（简称“央馆”）于南京正式成立。1929年2月，国民政府通令全国普遍设立国术馆。5月，青岛国术专家筹备组织国术馆②。众推高云峰（凤岭）为馆长③。这与中央国术馆制订之《省市国术馆组织大纲》中“省市国术馆正馆长，应推省市主席、市长兼任，或由省市政府及董事会推定资望相当者充之。推定后，由董事会呈报中央国术馆加以聘任”不符。筹备阶段的青岛国术馆，高凤岭临时出任副馆长。

6月18日，青岛接收专员公署收到青岛国术馆副馆长高凤岭呈文，请拨开办费及经常费、临时费及馆址等项。文曰：本市组织国术分馆一事，业经迭次具呈并面钧座（陈中孚）签核在案。兹将经常费、临时费

① 宋公楷. 青岛市体育事业之回顾［J］. 体育周刊，1934（2）：1.
② 向禹九. 青岛市国术馆成立以来之回顾［J］. 体育周刊，1934（5）：4.
③ 青岛近闻［N］. 申报，1929-7-9（8）.

及开办费，按照必须开支数目编具概算书，计每月经常费1200元、开办费770元、临时费200元，即按照上列数目开支。将来事务增多，如有不敷，再行呈请增加。附呈概算书三本[①]。

按照青岛接收专员公署财政办事程序，各机关部门请领经费，应先行明确拨支项由，方可进行。机要股奉谕将呈文原件转送财政科，商请审核主办。财政科审核认为，该项经费是否本署应拨，国府既无规定。因之缓办[②]。

22日，国术专家派代表往见青岛接收专员陈中孚，请其担任馆长。当蒙陈中孚慨允，任名誉馆长[③]。

28日，南京国民政府任命马福祥为青岛特别市市长（图2–1）。马福祥因军务一时未能到任。7月2日，青岛接收专员公署改为青岛特别市政府（也称市府），任命吴思豫为代理市长。之后，青岛国术馆经市府批准成立。8月14日，筹办状态中的青岛国术馆召集董事开会，讨论馆址事宜[④]。董事会公推吴思豫（青岛特别市党部委员）为馆长，李郁廷（青岛特别市党部委员）为副馆长，并奉中央国术馆函发正副馆长聘任书各一份，以及木质关防（长方形印信）一颗，嘱即就职。青岛国术馆奉此，9月1日，暂借陵县路临时办公处先行办公[⑤]。

图2–1　马福祥先生遗照

（采自《青岛武林百年》）

① 青岛市档案馆馆藏档案，档案号：B0029–001–04433–0019.

② 青岛市档案馆馆藏档案，档案号：B0029–001–04433–0022.

③ 青岛国术分馆请陈中孚为馆长［N］. 顺天时报，1929–6–27（7）.

④ 青岛筹办国术分馆［N］. 申报，1929–8–15（8）.

⑤ 青岛特别市国术馆公函第一号［J］. 铁路公报（胶济线），1929（226）：82.

11 月 11 日，马福祥到任，吴思豫卸任。马福祥系前清武举出身①。按照中央国术馆《省市国术馆组织大纲》，马福祥顺理成章兼任青岛国术馆长。1929 年 12 月，青岛国术馆正式成立②。每月由市府补助，不啻一市立机关。社会对此，颇有佳誉③。

青岛国术馆既是国术行政管理机关，又是国术培训学校，兼具学术研究性质。业务关系隶属中央国术馆，市内行政隶属教育局。

第二节 青岛国术馆之振兴

一、国术馆自身建设与发展

国民政府奠都南京，中央国术馆成立。风声既树，举国景从。青岛同仁亦咸汲汲于国术馆组织。1929 年 5 月，集合同志筹商进行，未几基础遂立，规模粗具。因限于经费，捉襟见肘，时虑飘摇。同仁虽推进有心，而维持无术。幸赖历任市政当局加以卵翼，尤以市长沈鸿烈兼摄馆长，努力提倡，增加经费、迁移馆址。无论精神物质，均予赞助。馆内同仁精诚团结，共图迈进。他处同志闻风兴起，远道来归。声应气求，相观而善。莘莘学子，赳赳武夫，英才蔚起。以致岁律更始，百度维新。

建立完善组织机构 1930 年 3 月 1 日出版之《青岛特别市国术月刊》

① 王正儒. 马福祥［M］. 北京：人民日报出版社，2012：180.

② 各省市国术馆调查一览表［J］. 国术周刊，1934（115）：5-6. 另见：申报，1933-12-21（12）；勤奋体育月报，1934，1（5）：73-74；第一次中国教育年鉴·丙编·教育概况［M］. 上海：开明书店，1934：1135. 但所记馆长胡若愚、副馆长胡家凤有误。此时，胡若愚、胡家凤尚未到任。《体育周刊》1934 年第 5 期第 5 页，向禹九“青岛市国术馆成立以来之回顾”一文载，青岛国术馆于 1929 年 8 月 1 日成立有误。此时，青岛市国术馆既无办公经费，亦无办公处所，尚处筹备阶段。

③ 魏镜. 青岛指南［M］. 青岛：平原书店，1933：468.

记载，青岛特别市国术馆董事会董事李郁廷、李丹亭、谭仲德、王信楷、王剑白、向禹九（宗鼎）、叶玉阶、张德臣、李怀秀、李阴乔、傅廷默[①]。国术馆馆长马福祥，副馆长李郁廷，秘书兼总务科长李丹亭，教务科长高凤岭，编辑科长杨明斋，视察员李璞珊、傅验修，科员王芹塘、王介山、刘英华、王旭东、纪子舟、周鼎臣、侯甫会、田占魁，办事员傅赞训、高作霖、王琴轩、韩冠洲、臧醒吾、李景尧、纪雨人、祝正森、邵复胜、常秉毅[②]。国术馆实际负责人为向禹九[③]。（图 2–2）

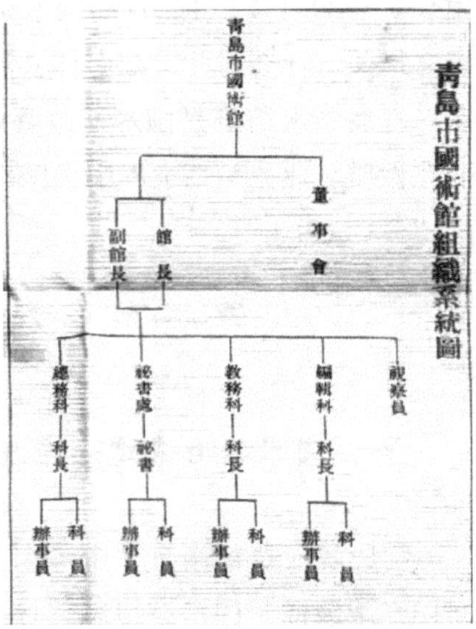

图 2–2　青岛市国术馆组织系统图
（采自《青岛武林百年》）

1932 年 10 月，遵照央馆颁布之《省市国术馆组织大纲》第五条，董事任期一年的规定，青岛国术馆改选袁道冲（市府秘书、市政建设委员会委员）、宋公楷（宋国模，字公楷，体协会委员）11 人为新任董事[④]。1933 年 10 月，董事殷涵光去世。11 月中旬，国术馆函请市府另行推选[⑤]。

1935 年 5 月，青岛国术馆原聘董事任期已满，函请市府另行推选[⑥]。5 月 13 日，市府复函，开列继任董事名单，其为袁道冲、宋君复（山东大学体育教授）、董沐曾（字田荪，军训体育视察专员）、吴其瑞（教育局第

① 青岛特别市国术月刊［J］. 1930（1）：25.
② 青岛特别市国术月刊［J］. 1930（1）：26–28.
③ 骆金铭. 青岛风光［M］. 青岛：兴华印刷局，1935：268.
④ 青岛国术馆改选董事［J］. 国术周刊（南京），1932（84）：7.
⑤ 国术馆函请市府推选一董事［N］. 青岛民报，1933–11–12（6）.
⑥ 国术馆函聘新任董事［N］. 青岛时报，1935–5–17（6）.

二科科长）、赵化程（体协会干事）、张贻先（教育局体育督学）、蔡季明、宋公楷、熊一弼、张锡宾（东镇区办事处主任）、骆金铭（公安局）、彭逸骞、王丹墀、林幼如、胡学仁、鄢天池、胡筱溪、卢成章、李又晟（四沧区办事处主任）、楼际霄（西镇区办事处主任）、谭际时（大港区办事处主任）、郭葆琳（李村区办事处主任）、陈命凡（浮山所办事处主任）23 人①。

此次改选国术馆董事，人数大幅度扩充，成员重新部署。1934 年 12 月，国术馆拟订《1935 年青岛市国术馆工作计划》时，即已考虑到恳请乡区建设办事处协助国术推广普及工作。因办事处系行政机关，与国术馆无隶属关系。国术馆接受市府建议，聘请办事处主任为国术馆董事，以董事资格统辖各区国术练习所所长，以国术指导员辅助管理②。此后，各区国术练习所数量及办学质量显著提升。

国术馆董事向由市府推选本市热心体育人员及乡区建设办事处主任兼充，对推行国术甚为顺利。而因各办事处主任时有变动，对于国术进行不无影响。为此，国术馆函商市府，嗣后国术馆董事，以各办事处现任主任职务去就为准。市府即令各办事处知照③。国术馆遂吸收梁永凯（海滨办事处主任）、姜可训（市府秘书处二科长）为董事④。国术馆凡有重大事项或亟待解决的问题，随时交由董事会议决。其制度的建立与完善，对国术馆的发展起到了保驾护航的作用。

自 1929 年国术馆成立至 1936 年，其组织机构系依据中央国术馆规定，只设教务、编辑两科。然历来经办各事，均由秘书处主持进行。教务、编辑两科如同虚设，编辑科尤与事实不符。办事权限不清，事务进行多有困难。为增进办事效率，遂改组编制系统。系于馆长之下，分为

① 青岛市政府函［J］. 市政公报，1935（70）：266–267.

② 青岛市政府指令［J］. 市政公报，1936（79）：222–224.

③ 国术馆函市府聘办事处主任为董事［N］. 青岛时报，1935–11–28（6）.

④ 国术馆举行第五次董事会议［N］. 青岛时报，1936–3–6（6）.

董事会及秘书处，下设一、二、三科。每科设科长一人，副科长一人，分掌各科事务。各科工作重新分配。改组后，分科办事，权限分明，各司其职，办事效率明显提高。因以重拟青岛市国术馆组织大纲草案，1936 年 5 月 30 日，经国术馆董事会第六次会议修改通过，函请市府查照备案。6 月 18 日，市府准予备案[①]，确定《青岛市国术馆组织大纲》[②]。

历任国术馆长　民国青岛市长像走马灯，频繁更替，国术馆长亦由其兼任。

1929 年 7 月，吴思豫代理青岛市长，中央国术馆聘其为青岛国术馆馆长。11 月，马福祥到任，吴思豫卸任。1930 年 3 月，马福祥卸任，葛敬恩接任。3 月至 9 月间，若按中央国术馆制订之《省市国术馆组织大纲》规定，青岛国术馆长当由时任市长葛敬恩兼任。考查未获任何直接证据，但国术馆每月经费均由其签发。9 月，葛敬恩卸任，胡若愚接任。胡若愚兼任国术馆长，胡家凤任副馆长[③]。（图 2–3、图 2–4）

图 2–3　胡若愚先生遗照

（采自《八卦掌简编》）

图 2–4　胡家凤先生遗照

（采自《第十七届华北运动会总报告》）

① 青岛市政府公函［J］. 市政公报，1936（83）：194.

② 青岛市国术馆组织大纲［J］. 市政公报，1936（83）：95–97.

③ 各省市国术馆调查一览表［J］. 国术周刊，1934（115）：5–6.

10 月，青岛国术馆接到中央国术馆指令，并颁发木质关防一颗，文曰“青岛市国术馆关防”，于 11 月 1 日启用①。1931 年 12 月，沈鸿烈接替胡若愚任青岛市长，中央国术馆即函聘其担任国术馆长。1932 年 1 月 24 日上午，沈鸿烈于国术馆出席典礼，就任国术馆长②。（图 2-5）

图 2-5　沈鸿烈先生遗照

（采自《第十七届华北运动会总报告》）

沈鸿烈任青岛市长兼国术馆长，在职时间最长，对国术扶持力度最大。此间，也是青岛市国术迅猛发展、快速提升的时期。直至 1937 年 12 月，由其率领部属撤离青岛为止。（表 2-1）

表 2-1　抗战前青岛市国术馆历任馆长一览表

名　称	职　务	姓　名	起止日期	备　注
青岛市国术馆	馆　长		1929.06.至 1929.07.	
	副馆长	高凤岭	1929.06.至 1929.07.	筹备状态未获任命
青岛市国术馆	馆　长	吴思豫	1929.07.至 1929.11.	筹备状态已获任命
	副馆长	李郁廷	1929.07.至 1929.11.	筹备状态已获任命
青岛市国术馆	馆　长	马福祥	1929.11.至 1930.03.	
	副馆长	李郁廷	1929.11.至 1930.03.	
青岛市国术馆	馆　长	不　详	1930.03.至 1930.09.	当为市长葛敬恩兼任
	副馆长	不　详	1930.03.至 1930.09.	
青岛市国术馆	馆　长	胡若愚	1930.09.至 1931.12.	
	副馆长	胡家凤	1930.09.至 1931.12.	
青岛市国术馆	馆　长	沈鸿烈	1932.01.至 1937.12.	
	副馆长	胡家凤	1932.01.至 1937.12.	

① 青岛市档案馆馆藏档案，档案号：B0021-003-00039-0074.

② 市长沈鸿烈明日就国术馆馆长兼职［N］. 青岛时报，1932-1-23（6）.

经费资助 1929 年 8 月下旬，市府拨发国术馆开办费 150 元，经常费 300 元[①]。9 月 4 日，国术馆由财政局领到第一笔办公经费[②]。10 月、11 月，财政科尊令照发国术馆补助费每月 300 元。12 月，国术馆以经费不充，恳请市府每月再增加 700 元，以资扩充。市府因财政支绌，力有未逮，亦体恤国术馆因陋就简。12 月 25 日，市长马福祥签署训令，国术馆经费自本月起增加 200 元[③]。自 1930 年 1 月至 1932 年 6 月，市府每月拨给国术馆补助费 500 元[④]。国术馆经费较往昔稍多，仅供办公费及职员薪金开支，然员司薪津低微，设备简陋。

1932 年，国术馆事务日见浩繁，需款益增，已形入不敷出。时势需要，各处建立大刀队组织。国术馆拟先购置大刀百柄，从事训练。大刀时价每柄约在 3 元以上，以百柄计，需大洋 300 元。7 月第二届国术市考，考取武士第一名，由国术馆奖给大洋 100 元，第二、三名各奖 50 元。此项开支尚系垫借，不属国术馆经费预算以内。这两项费用共需大洋 500 元。国术馆经费拮据，无从腾挪。为此，国术馆函请市府拨发资金接济。经市府提交市政会议议决，由预备费项下拨发[⑤]。

1933 年 2 月 20 日，市府决议自 1933 年度，每月增加国术馆经费 100 元[⑥]。1933 年 5 月，市府发给国术馆大刀费 500 元，并于 7 月起增加国术馆补助费 100 元，练习所奖励金 300 元。当此市库奇绌，他事消减，对国术馆犹能增加，为数虽微，不无小补[⑦]。1935 年，青岛市府每月拨助国术馆经费已达 1200 元[⑧]。

---

① 青岛市档案馆馆藏档案，档案号：B0029-001-04433-0006.

② 青岛市档案馆馆藏档案，档案号：B0029-001-04433-0003.

③④ 青岛市档案馆馆藏档案，档案号：B0029-001-04434.

⑤ 国术馆组织大刀队［N］. 青岛时报，1932-9-9（6）.

⑥ 国术馆力图发展［N］. 青岛民报，1933-2-21（6）.

⑦ 向禹九. 青岛市国术馆成立以来之回顾［J］. 体育周刊，1934（5）：5.

⑧ 青岛市政府函［J］. 市政公报，1935（68）：259.

招设班次　1929 年，青岛国术馆成立之初，即于冬季成立教授班。据《青岛市国术馆教授班简章》①，招收学员 19 人，对于拳术已具相当程度。录取之后，再加高深教练，定期 6 个月毕业。借以培养师资，统一教材②。1930 年下半年，教授班学员毕业。

10 月 11 日，青岛国术馆致函市府：敝馆为普及本市国术，及养成师资起见，特设教授班，以资教练。现在第一期学员，业已毕业。该学员等对于国术，均素有研究，无论单练、对手，及刀枪棍剑，均极精通。兼在敝馆教授班练习数月，对于摔角、剑科、军操及一切普通教练，亦颇熟悉。兹特绍介，希贵府鼎力提倡，在可能范围，延聘此项人才，并转知所属，尽量延用。兹附上毕业学员名单一纸，如延聘时，请函知敝馆为荷③。青岛国术馆又函知山东省教育厅。山东省教育厅即训令省立各中等学校斟酌延聘。

教授班 19 名毕业学员为郑全昌（35 岁，平度郑家庄）、李振邦（20 岁，即墨孙家町）、李勤信（29 岁，莱阳代须村）、李有龄（29 岁，平度万上村）、滕秉阳（28 岁，青岛下四方）、姜良臣（28 岁，胶县东乡南庄）、王振才（27 岁，章丘城北刁镇）、孙秉刚（27 岁，即墨西南匀村）、刘希维（26 岁，青岛下河毛公地）、孙玉秀（24 岁，即墨古庙头村）、滕文焴（23 岁，青岛下四方）、庄慎生（21 岁，蓬莱县水城内）、刘许清（21 岁，高密东乡后张鲁）、张作山（21 岁，高密城北起家台子）、徐汉臣（20 岁，莒县长领官庄）、石以群（20 岁，莒县石家屯）、周寿和（20 岁，文登城南高村集）、徐永寿（17 岁，即墨城北长直）、高纶士（16 岁，即墨东小水高家町）④。教授班学员毕业后，均充当各练习所所长或中小学国术教员，成为青岛市推广与普及国术的中坚力量。

---

① 青岛市国术馆教授班简章［N］. 青岛市国术游艺比试大会特刊，1931–6–7（3）.

② 向禹九. 青岛市国术馆成立以来之回顾［J］. 体育周刊，1934（5）：6.

③ 青岛市档案馆馆藏档案，档案号：B0032–001–00584–0191.

④ 山东省政府教育厅训令［J］. 山东教育行政周报，1930（104）：5–7.

因馆址狭小，教授班未能续办[①]。国术馆迁移至商河路后，于1932年8月中旬，招收练习班40余人，分早晚两班练习拳术及刀枪棍剑[②]。此班流动性太大，教授课程既难齐一，修业时间亦难限制，完全自由性质[③]。

1933年2月，练习班添招新生[④]。原有训练班甲乙两班，逐日训练，成绩斐然。沈馆长令饬国术馆主任教员进行考试，及格者为初级毕业[⑤]。4月，第一期练习班修业期满，7日举行毕业考试，及格者李月明、吴亨爱、刘文章、朱德卿、马学德、萧敬圣、高玉馨、孟宪禄、郭金福、孙维芬、王俭瑞、韩国善、颜景才、刘长贵14人。国术馆令各生摄送半身照片，即行填给证书。其他不及格者照旧补习，以待下期考验。凡愿往国术馆练习者，可随时前往报名参加[⑥]。

1935年，文牍员崔秉彝病故，遗缺以辛培补充。是年，国术馆有教职员22人，设第四期摔角班一班，摔角师范班一班，女子摔角班一班，练习班五班，女子练习班一班，形意拳练习班一班，在馆学员共计450人。学科门类为国文、常识、国术史、生理卫生[⑦]。

中央国术体育传习所招生 1933年夏，中央国术馆呈准国府，设立特殊教学机关，命名为“中央国术体育传习所”。嗣奉国府令，改为“中央国术馆体育专科学校”，扩大组织，目的在于造就国术、体育、军事三者兼备人才，以备推行国术，普及体育，实施军训之需[⑧]。

7月上旬，中央国术馆代电致青岛市府，请考选国术体育传习所学

① 青岛国术馆发展国术计划［N］. 东海日报，1932-5-17（6）.
② 本市国术馆提倡摔角术［N］. 青岛时报，1932-8-14（6）.
③ 向禹九. 青岛市国术馆成立以来之回顾［J］. 体育周刊，1934（5）：6.
④ 国术馆各班已上课［N］. 平民报，1933-2-3（3）.
⑤ 国术馆考试训练班学生［N］. 青岛民报，1933-4-2（6）.
⑥ 国术练习班已考试毕业［N］. 青岛时报，1933-4-9（6）.
⑦ 青岛市国术馆二十四年度概况一览表［J］. 国术周刊，1935（146、147）：17.
⑧ 青岛市政府公函［J］. 市政公报，1936（83）：194.

生，于7月30日前，按章保送就学[①]。27日，国术馆于市府为中央国术体育传习所招考学员。考试由市府第二科主办，录取高纶士、孙绍圣，年龄在18岁、19岁，二人均有国术基础[②]。

高纶士、孙绍圣入学后，因生活困难，恳请中央国术馆体育专科学校转函青岛市府给予资助。1934年1月6日，青岛市府复函中央国术馆体育专科学校，青岛市在外就学学生，市府向无发给津贴之例。唯念该两生困难情形亦属实情，特予变通，每人给予一次津贴100元，俾使补助[③]。

1936年3月24日，中央国术馆体育专科学校校长张之江函致青岛国术馆，高纶士、孙绍圣二生就学期间，刻苦修炼，已历三载。对于国术、体育、军事及童子军等课程，均有深刻研究，其人格修养，教学经验，亦颇优良，幸能无忝。嘱即于是夏该生毕业返籍后，尽先任用[④]。

增设推广项目 第五届全运会国术比赛设射箭、弹丸两项，青岛市未有此项人才。1933年11月，国术馆教员万铁侯自北平带回弓箭、弹丸多件。国术馆馆员先行练习，以便推广[⑤]。演习数月，弓箭多已损坏，不堪习用。遂专函北平友人代购，交托青岛赴北平参加铁展会记者赵庶常带回。国术馆函聘高密人刘英堂莅馆传授技艺[⑥]。1934年，青岛市冬赛会，射箭被列为比赛项目。射箭运动于青岛市逐步开展起来。

提倡文武并重德艺双修 青岛市体育素形幼稚，尤以国术同仁，大都厕身农工商界，对于精神、纪律、武德，颇乏修养[⑦]。

1933年，为参加南京第五届全国运动会，9月3日于国术馆考拔国

① 青岛市政府训令［J］. 市政公报，1933（48）：80–81.

② 市府考试国术传习所学员已揭晓［N］. 青岛时报，1933–7–30（6）.

③ 青岛市政府公函［J］. 市政公报，1934（54）：187–188.

④ 青岛市政府公函［J］. 市政公报，1936（83）：194.

⑤ 国术馆提倡弓箭弹丸［N］. 青岛民报，1933–11–29（6）.

⑥ 国术馆研究射箭［N］. 青岛民报，1934–6–3（6）.

⑦ 向禹九.青岛市国术馆成立以来之回顾［J］. 体育周刊，1934（5）：4–7.

术选手期间，与赛员偶语含怨。对于国术考试须考试文科，颇为抵触，甚至指责国术馆教员没有文化或文化水准偏低[①]。然其并未理解，这正是国术进步，提升社会地位需要付出的努力与代价。

国术同志自应恭敬待人，和平处世，砥砺品行，爱惜名誉。各练习所束身自好者固居多数，而假借国术名义在外招摇生事、恃技凌人，动辄挥拳用武，或结队群殴，而或有之。1933 年 11 月，国术馆训令各练习所注重武德，自重自爱。各练习所所长对于学生须严加约束。有则改之，无则加勉，各自安分守己，不得任意滋事。如再有以上事件发生，经国术馆查明，即将练习所撤销，并按其情节轻重，函送公安局或法院依法惩办[②]。

1934 年 4 月，国术馆通令所属各练习所，对学生务须严加约束，招收新生更应审慎调查，切勿滥收。如学生在外有不法行为者，即由该所所长负完全责任，并视情节轻重酌予惩办，决不宽恕[③]。

尽管国术馆三令五申，所属练习所仍有浮躁之徒借武滋事，不识礼让；抱门户之见，相互倾轧。既有失提倡国术初衷，亦贻国术前途。1934 年 10 月，国术馆因以训令各练习所转饬新生，切实注重武德。今后，凡此之流，概予拒绝。倘再有恃技滋事，好勇斗狠者，一经查明，定以该所是问。轻则记过停津，重则撤销法办[④]。

国术教员对于文化多未讲求，派往各校服务，未能与其他教员融洽一致。各国术练习所平日多偏重术科，对学科多不注意。学生有损国术声誉事件一再发生。国术馆负责人意识到，欲救斯弊，当从提高国术人员文化素质入手，不断加强思想品德的教育与教化。1933 年 1 月 6 日[⑤]，国术

---

① 观国术比赛有感［N］. 青岛时报，1933-9-19（10）.

② 国术馆注重武德［N］. 青岛民报，1933-11-23（6）.

③ 国术馆令各练习所约束学生注重武德［N］. 青岛民报，1934-4-20（6）.

④ 国术馆训令各练习所注重武德［N］. 青岛时报，1934-10-26（6）.

⑤ 沧口四方增国术分所［N］. 青岛时报，1933-1-7（6）.

馆董事会议决，国术馆组织文学班，选拔文理通顺者参加体育讲习会。通令各练习所添加文科[①]。各练习所如有不识字者 15 人以下，迫令兼到民众学校听讲。如人数过多，即请民众学校派人往教，可将附近各练习所学生集合一处教授。务使文武并进，不致偏废[②]。

国术馆为增进国术人员学识，历经敦请本市闻人莅馆讲演。1935 年 7 月 14 日上午，市府地方自治筹办委员会副委员长袁道冲到馆演讲，各练习所所长、教员，国术馆教职员、学生到会听讲[③]。

国术馆规定每月或隔月举办学术讲座一次，以增进学识，有所熏陶。1936 年 5 月 24 日上午，于国术馆大礼堂进行学术讲座，敦请本市律师公会会长牟子明演讲。20 日，分令所属练习所学员届时前往听讲[④]。

6 月 28 日上午，国术馆邀请李村乡区建设办事处主任郭葆琳莅馆讲演。各练习所 500 余人到馆听讲。郭氏讲演题目为“国术之三要素”。首述国家民族足以存于世界，人民能生存于社会，在有自卫能力，自卫能力首在健全体魄，国术即健身之道。须明三要素：武德为维持社会秩序之基；武术修为欲求术之高明，须经名师；能武须有力，多练则力生[⑤]。

9 月 23 日，国术馆第九次馆务会议议决，流动讲演会继续举办[⑥]。12 月 29 日上午，青年会郭金南干事主讲。国术馆通知各练习所所长，一律出席听讲[⑦]。

历经国术馆苦心劝导、砥砺奖诱，国术界渐化粗戾为平易，释嫌怨为朋好，祛好勇斗狠之积习，谋新旧体育之沟通。青岛市国术渐入正轨[⑧]。

① 本市国术馆准备参加华北运动会［N］. 青岛时报，1933-1-9（3）.
② 国术馆拟定推进国术整个计划［N］. 青岛民报，1935-1-29（6）.
③ 国术馆颁发童子奖金［N］. 青岛时报，1935-7-16（6）.
④ 国术馆定期举行演讲［N］. 青岛时报，1936-5-21（6）.
⑤ 国术馆昨午举行讲演［N］. 青岛时报，1936-6-29（6）.
⑥ 本市国术馆举行第九次馆务会议［N］. 青岛时报，1936-9-24（6）.
⑦ 国术馆举行学术讲演［N］. 青岛民报，1936-11-27（6）.
⑧ 向禹九.青岛市国术馆成立以来之回顾［J］. 体育周刊，1934（5）：4-7.

其他馆务　沈市长以国术馆教师终年辛劳，1935 年 1 月 29 日（腊月 25 日）手谕市府庶务科，奖给大洋 40 元，以示鼓励①。

1936 年 2 月，国术馆函请市府拨给国术馆西南隅公地，添建风雨操场。市府指令财政局核办。财政局经查，国术馆所指增拨地点，系甘肃路 14 号之一部，现尚空闲，亦无其他妨碍，拟准照拨。经派员测丈，与原拨地段，合计面积共为 25 亩 15 公厘。遂缮具地图两份，备文呈送市府，转知国术馆②。

2 月，国术馆拟具《三年普及国术计划》。14 日，市府指令向宗鼎，关于民众国术教育临时设备、经常开支，以及师资各费，均可利用小学或民众学校，无庸另行拨款，以免国术畸形发展，致多流弊。应即分别筹办，其余指示事项，另列清单，随令附发③。29 日，国术馆董事会议，讨论市长面谕另拟《推广国术三年计划》。议决推进各区练习所工作及各学校添聘国术教员，须将增加经费理由、困难情形及进行办法，函请市府核夺④。

3 月上旬，沈市长向记者透露，是年国术市考循例举行，但规模力求缩小，以节糜费。外宾亦不招待，日期未定⑤。然而，此项计划未能实施。

9 月 23 日，国术馆第九次馆务会议，议决国术表演组分派专员负责训练，童子组由秘道生、纪炎昌负责，女子组由杨明斋、高作霖负责，学生组由韩冠洲、田瑞五负责，摔角组由李传忠、张孝才负责，职员组由高凤岭、杨廷栋（明斋）负责；杨庆先因常出外勤，团体操训练由李传忠接替；图书室购置书橱一座；沈市长谕饬拟具《推广国术三年计划》先由一、二、三科副科长商议起草，再由秘书核定⑥。

① 拳术教师蒙市长奖励［N］. 青岛时报，1935-1-30（6）.
② 青岛市政府指令［J］. 市政公报，1936（79）：222.
③ 青岛市政府指令［J］. 市政公报，1936（79）：207.
④ 国术馆举行第五次董事会议［N］. 青岛时报，1936-3-6（6）.
⑤ 国术市考循例举行［N］. 青岛时报，1936-3-5（6）.
⑥ 本市国术馆举行第九次馆务会议［N］. 青岛时报，1936-9-24（6）.

备选奥运会国术表演选拔 1936 年，我国参加第十一届奥运会，举重及国术选手预选，5 月于上海举行。全国体育协进会分函各省市教育厅（局）及国术馆保送选手。2 月中旬，青岛国术馆接到公函及预选简则，决定遴选选手送沪参加。因青岛市缺乏举重人才，所派仅限于拳术[①]。3 月上旬，青岛国术馆接到全国体育协进会来函，通知选送人员，举重不得超过 4 人，国术表演不得超过 6 人[②]。

国术馆当即令饬所属各练习所，3 月 15 日举行考验。报名者有栾秀云、石秀兰、李世基、张培岳、张仁杰、荆克俭、李乃祯、蓝信成 8 人。除技术考试外，须兼试国文、英文[③]。临场应考者只有栾秀云、李世基、李迺（乃）桢、蓝信成 4 人。先试国术，由向禹九、杨明斋、高云峰 3 人评判。次考汉译英四题，“我是一个中华民国人”“我家住在青岛”“我最喜欢练拳”“我会说几句英语”。国文“试述参加世运会的意义”[④]。试毕即将评定分数，呈奉市长核阅[⑤]。市长批准栾秀云代表青岛市参加全国初选，由教育局派员陪同赴沪应选[⑥]。（图 2-6）

图 2-6 青岛市保送栾秀云参加奥运会国术预选

（采自《图画时报》1936 年第 1098 期）

参加奥运会国术预选，计有赣、豫、浙、京、青、沪 6 省市，及我驻日留学生监督处

① 国术馆派选手参加世界运动预选［N］. 青岛时报，1936-2-17（6）.

② 全国体协会函本府选拔选手参加世运［N］. 青岛民报，1936-3-10（6）.

③ 本市国术参加世运国术馆定今日考验［N］. 青岛民报，1936-3-15（6）.

④ 国术馆参加世运昨日举行预选考试［N］. 青岛民报，1936-3-16（6）.

⑤ 国术馆昨考参加世界运动会选手［N］. 青岛时报，1936-3-16（6）.

⑥ 国术馆参加世运选手选定［N］. 青岛民报，1936-3-25（6）.

等7单位25位选手[①]，内有女子6人，每人表演四项。5月11日上午9时，国术表演于延平路申园健身房举行，褚民谊、张之江、徐致一、叶良、郝铭、佟忠义6人担任评判，迄下午4时选拔完毕[②]。栾秀云未能入选。

备赛第七届全运会 第七届全国运动会，定于1937年10月于南京举行。国术锦标分拳术、摔角（重量、中量、轻量三级）、搏击（重量、中量、轻量三级）、刺枪、劈剑、射箭、弹丸、踢毽8项。根据大会所定办法，青岛国术馆积极备赛[③]。

3月下旬，青岛国术馆组设参加第七届全运会预选班。其中，男子竞赛组42人，表演组60人，摔角组41人；女子竞赛组10人，表演组16人，摔角组4人。计男生87人，女生12人，共计103人（有兼项）[④]。

正当青岛国术馆积极备赛之际，七七事变，全民族抗战爆发。第七届全国运动会未能如期举行。青岛市国术人员大多追随军政当局，投入抗战工作。

二、筹建馆址与落成典礼

1929年，筹备状态中的青岛国术馆，借用育英小学招待室临时办公[⑤]。8月中旬，国术馆设法寻觅馆址。查访商河路官产楼房一所，归属第五军办事处；恩县路官产118号21楼房产一所，归属港务局党义研究会；甘肃路港务局工人宿舍，住有少数工人，屋前附有空地。国术馆董事李郁亭呈请市府酌令让拨一处，作为馆址。

① 世运国术举重今日初选［N］. 申报，1936-5-11（13）.

② 参加世运举重国术昨日预选［N］. 申报，1936-5-12（13）.

③ 国术馆准备参加全运［N］. 青岛民报，1937-4-25（6）.

④ 国术馆全运预选班开学［N］. 青岛民报，1937-3-29（6）.

⑤ 向禹九. 青岛市国术馆成立以来之回顾［J］. 体育周刊，1934（5）：5.

市府核查，国术馆所指三处公产，商河路一处系属军用，未便令其迁让。甘肃路、恩县路二处，往返函商港务局未果。适有陵县路官产118号14楼房产一处，大小八间，为公安局职员承租居住，时已迁移空闲。遂于10月，拨给国术馆作为馆址①。该处市产，全楼上下不过数间。除办公室及职员宿舍外，并无教室、操场。仅就楼底房屋一间，作为馆员及学生练武之用，室小如斗，不易发展②。

馆址狭小，不敷应用，国术馆函请市府拨给商河路市产89号（前四区党部旧址）作为馆址获准。该处房屋十余间，被《民国日报》报馆机器什物占去八九间③。延至1932年5月，国术馆未能迁入，故再函请市府另拨商河路市产191号，暂为居住，以利工作。一面函请财政局、港务局暂借恩县路港务局宿舍侧边空地，作为训练班操场④。

6月，市府函准国术馆迁至商河路。此处操场较大，可设杠架、滑车、箭鹄等，便于师生随时练习⑤。将商河路第一图书馆余屋作为馆址，虽便于练习国术，但房屋仍不足办公之用⑥。1933年冬春之际，天气寒冷，不时风雪，致摔角班、练习班百余人无处操演。遂于操场搭盖铁皮屋棚，照常操演，以避风霜之苦⑦。

国术馆成立后，工作卓有成效，国术日趋普及。而馆址时感不敷应用，严重掣肘，亟应筹建宽敞房舍、较大操场馆址一所。1934年初，国术馆拟具筹建新馆舍计划，函请市府查核，以便早日兴工。市府以所请系属实情，遂饬各主管机关勘拨地皮，设计绘制建筑图纸，转函万国体

① 呈报国术馆馆址已拨给陵县路公产一处请备案由［J］. 青岛特别市政府市政公报，1929（4）：252-253.

②⑤ 向禹九. 青岛市国术馆成立以来之回顾［J］. 体育周刊，1934（5）：5.

③ 国术馆体恤摔角练习班［N］. 青岛民报，1933-1-8（6）.

④ 青岛国术馆发展国术计划［N］. 东海日报，1932-5-18（6）.

⑥ 国术馆昨举行新馆落成典礼盛况［N］. 青岛民报，1934-12-24（6）.

⑦ 国术馆体恤摔角练习班［N］. 青岛民报，1933-1-8（6）.

育会，于春季举行义务赛马数次，俾资补助，以襄盛举[①]。

市府准拨甘肃路14号公地建筑馆址，国术馆绘图函请工务局审查。因所绘图样，内部欠妥，变更设计，另绘新图，函送工务局审查。原图注销，仿照新图建筑[②]。

5月，国术馆新址绘图设计已成，亟待兴工。因建筑工程浩大，需费万元以上。此值公币支绌，筹措受限。6月上旬，国术馆公议决定，23日、24日（周六、周日）于大舞台举行游艺会，邀请本市国剧团体演唱戏剧，表演国术，筹募建筑基金。函请各机关推销入场券[③]，以便急公好义之士共襄盛举。经数日筹备，国术馆排定戏目。23日国术表演，高玉馨长拳，栾秀云埋伏拳，孙玉秀洪拳，韩冠英形意拳，姜爱兰艾虎拳，刘英华猴拳，高玉馨、吴亨庆对拳，孙秉刚、萧鸿义对拳，马学德、孟宪禄对拳，常秉毅、韩冠英对拳，马学德单刀，孟庆禄剑术，姜爱兰九龙刀，杨庆先大刀，田瑞五锁口枪，栾秀云吕祖剑，刘英华滚单刀，常秉毅、韩冠英对扎枪，杨庆先、韩冠洲单刀枪，田瑞五、杨明斋大刀枪，文艺团体表演苏三起解、三堂会审、群英会等新旧戏剧。

24日国术表演，张炯拳术，邢畹蘅太极拳，萧鸿义查拳，田鸿业形意拳，姜爱兰长拳，高云禄醉拳，马学德、孟宪禄对拳，吴亨庆、张炯对拳，刘英华、高云峰猴拳对醉拳，吴亨庆单刀，萧鸿义查枪，韩冠英剑术，田瑞五流星（锤），姜爱兰剑术，刘英华滚双刀，吴亨庆、高玉馨对单刀，田瑞五、孙玉秀三节棍进枪，常秉毅、韩冠英大刀进枪，杨庆先、杨明斋双刀破梢子，文艺团体表演採阴山、受禅台、贺后骂殿等新旧戏剧[④]。

① 国术馆筹建新馆址［N］. 青岛民报，1934-2-2（6）.

② 国术馆重绘新馆址图［N］. 青岛民报，1934-5-5（6）.

③ 国术馆筹款建馆址［N］. 青岛民报，1934-6-14（6）.

④ 国术馆定期开游艺会［N］. 青岛时报，1933-6-20（6）.

承蒙各界赞助，游艺会圆满结束。7 月 11 日，国术馆向社会公布收支数目。各机关代售入场券共收入大洋 5699.5 元，支出 821.03 元，收支两抵，结存 4878.47 元①。

9 月 23 日下午，沈市长乘车亲往工地视察②。11 月上旬，国术馆新建馆址竣工。因内部漆工装饰，暂缓迁入。国术馆迁移后，所遗商河路旧址拨归绥远路小学③。13 日，国术馆迁入新址办公④。

国术馆新址 7 月开工，11 月中旬完竣。向禹九（宗鼎）撰文记述建筑经过：沈市长兼摄国术馆长，对于国术素具热忱。1933 年 10 月，国术同仁参加第五届全运会返青后，屡嘱筹建新馆，以为一劳永逸之计。建设新馆首重选址，地点适中、交通便利、地势平坦、接近民众居住区。青岛市隙地无多，具备上列条件者实少。嗣托财政局主管地政人员，四处查勘，觅得甘肃路、广东路转角处，十四号之二公地一段，较为合宜，面积约 30 余公亩。1934 年 1 月 25 日，国术馆函请市府拨借，并免缴一切租金。2 月 17 日函复，市府已饬财政局查核办理，并发给地图一纸，新馆址遂以奠定。此后，房屋图样绘制，房间操场配置，乃请周工程师，次由魏锦坡等设计，综其需办公室、教室、礼堂、客厅、寝室、储藏室，以及厨房、传达室、厕所、浴室、露天操场、风雨操场等项，缺一不可。而建筑费用须力求低廉，兼筹并顾。几经斟酌，决定图样，分送各营造厂估价。大都在 15000 元左右，多至 25000 元。最后以协顺兴 12200 元为最少。盖以事关公益，带有义务性质。7 月 5 日，签定合同，鸠工庀材。馆址创始，全部房屋虽已竣工，其工程费追加，如风雨操场、传达室、接待室，操场加大，及设备迁移，所需金额约计 15000 元。演剧及市库补助 8800 元，其不敷者约 6900 元。幸有国术馆历年结余经费，可全挪用 1500

① 国术馆公布筹募建筑馆址基金数目［N］. 青岛民报，1934-7-12（6）.

② 沈市长视察国术馆建筑工程［N］. 青岛时报，1934-9-24（6）.

③ 国术馆暂缓迁新址［N］. 青岛民报，1934-11-9（6）.

④ 国术馆昨迁新房办公［N］. 青岛时报，1934-12-14（6）.

元，下余5000余元无着。遂函请市府筹拨[①]，资以结清[②]。

国术馆原定11月举行新址落成典礼，因市长沈鸿烈南下未果。为纪念青岛国术馆新址落成，沈鸿烈作《创修青岛市国术馆记》：

古者文武一途，德艺并重。《礼经》有“春夏学干戈，秋冬学羽籥”之文。“六艺”中如射与御，尽人皆能。然艺之中有一道焉，故曰：射以观德。孔子论射，谓其争也君子。子路言志，亦贵勇知方。士之涵濡，教化者深。率多宏毅，材武年居。娴于进退揖让之度，有事则具折冲御侮之能。

迨后世右文轻武，武夫既习于暴戾，而逢掖之儒，往往不能挽强，积之久而民性逐日趋于孱弱。以视近世欧美列邦，注重体育，日跻盛强，瞠乎其后。此我古今民族强弱之原因。不可不察也！尝考《汉书·艺文志》，兵技巧十三家百九十九篇，有戈法剑道手搏蹴鞠诸目，而书皆散佚，审目武术之废坠久矣！

今之号国术者，门类虽殊，要不越乎古技巧之支流余裔。夫国术之为用，内外兼修，体德并著，洵属国粹之一端。自近年推行新式体育，几置国术于不顾，而国术内容，亦复派别繁衍，各行其是，自相诟病，遂益为社会所漠视。讵知新旧体育，各有特长，苟欲培养民力，允宜撷其菁华，执两用中。先求改良国术，期内部之整齐，进而融合新旧，谋体育之致用，俾隔阂既除。即本此旨，以谋普及，求专精举。

凡师资之养成，学术之深造，皆不可无集中锻炼之所，非有固定馆址不为功。青市近年究心斯术者，实繁有徒。用艺华北及全国运动大会，迭膺首选。顾以创办之初，假地设馆，恒若湫溢，不足以宏造就。返属主者创修新馆，以期发展技术，度地甘肃路广东路间公产一区，面积三

① 《市政公报》1934年第62期第191页载，1934年9月18日，青岛市政府准拨国术馆建筑补助费4000元。

② 国术馆新馆落成函请各界参加观礼［N］. 青岛民报，1934-12-19（6）.

十公亩有奇，建筑教舍、操场、礼堂、客馆、办公室、储藏室，及庖区寝厕咸备，共费银币以圆计者，万有四千七百。凡募集四千八百余元，余由市府拨助，于二十三年（1934）七月始役，十一月落成。规制宏廓，顿改旧观。

吾知新馆既成，是邦人士，时集其中，精研古今技巧，诸术必能日起有功，广为传授，以植健身强国之基。与学校体育军训相辅而行，新旧沟通。蕲合古昔时盛德艺并重之旨，蔚成桢干，奋武揆于为国效用。是则鸿烈夙昔提倡国术之微意也。爰于筑馆伊始，揭橥国术关系之重，勖我邦人士，并述斯馆缔造梗概，以为来者告焉。

1934 年 11 月[①]

国术馆新址坐落于广东路北，由大门入内，右为传达室，左为接待室，再进为大厦，系二层楼，用钢筋水泥造成，纯为西式。右方为教务室、阅览室，左方为大礼堂、器械室，再后为男女厕所、宿舍、储藏室。二层系空屋一间。大厦左方为一大圆门，后为大操场，设有厨房。各界赠送楹联多幅，陈列于教务室[②]。（图 2-7）

图 2-7　青岛国术馆新址

（采自《青岛市第三届国术市考秩序册》）

12 月 23 日，国术馆举行新屋落成典礼，沈市长，胡秘书长[③]，及各界皆往参观，约百余人，连同国术馆参加表演

① 国术馆定期举行新馆落成礼［N］. 青岛民报，1934-12-15（6）.

② 国术馆昨举行新馆落成典礼盛况［N］. 青岛民报，1934-12-24（6）.

③ 国术馆昨午举行新屋落成典礼之盛况［N］. 青岛时报，1934-12-24（6）.

人员，不下千人，盛况空前。上午 10 时振铃开会，公安局乐队奏乐，沈市长主席，崔宝瑛司仪。国术馆秘书向宗鼎报告建筑新馆经过，沈市长讲述提倡体育计划，市党部委员李先良演讲对于国术馆今后希望。之后摄影，表演国术。（图 2–8）

图 2–8　青岛国术馆新屋落成典礼
（采自《青岛画报》1934 年第 9 期）

国术表演摄制成电影，以广宣传。国术馆摔角班团体表演摔角式、大刀，第三十五练习所表演团体操。单人表演单拳 79 项，对拳 33 项，单器械 67 项，对器械 37 项[①]。参加国术表演者 260 余人。第三十五练习所团体操表演最为精彩，表演者多为沧口小学学生。小学生王圣义弹腿、杨宝泰十三腿、魏鸿科三十六拳、李相顺黑虎拳、赵秀真（女）埋伏拳、李世基飞脚式，博得观众赞许。栾秀云、姜爱兰表演查拳及双钩、剑术等，得到观众好评。表演至午后 1 时，方告完毕[②]。

三、检定国术教员

教育良窳，端赖师资。青岛市各国术练习所及各学校国术教员，技艺优良，教授合法者固多。而程度幼稚，难期胜任者亦所难免。因此，

① 国术馆明日举行新屋落成典礼［N］. 青岛时报，1934–12–22（6）.
② 国术馆昨午举行新屋落成典礼之盛况［N］. 青岛时报，1934–12–24（6）.

实有必要彻底甄别。

1931 年 10 月，青岛国术馆举行第一届国术教员检定，组设检定委员会，厘定《青岛市国术馆检定国术教员暂行简则》[①]，检定科目为拳术及刀枪棍剑。结果合格者 82 人，发给证书，时效期间暂以三年为限[②]。

青岛国术馆日见发展，至 1933 年 12 月，国术练习所已有 70 余处[③]。第一届检定之国术教员，或改业，或他往，所剩者不过 50 余人，已不敷分配。因此，假兼之名，不免有顶替之弊[④]。

12 月，举行第二届国术教员检定，检定章程无甚变更[⑤]，唯检定科目添加笔试一项[⑥]。检定及格者发给证书，准其于本市充任国术教员。不论土著客籍皆可报名，填具请求书及保证人，送馆审查，由检定委员会考验[⑦]。1 日至 20 日报名[⑧]。截止日期，报名者 180 余人[⑨]。22 日晚，检定委员会于国术馆开会，研究决定第一届检定及格教员，将旧证书送交，即核领新证；第一、二届国术市考所取武士，免予检定，一律发给证书。铁路学校体育教员陈盛甫、明德学校体育教员周庆华，对于国术颇有经验。此次亦报名，请求检定。国术馆素知两教员平日热心国术，函知其免予检定[⑩]。

24 日，第二届国术教员检定，于国术馆举行[⑪]。经检定成绩合格者有蓝心诚、王兆礼、庄慎生、马振华、黄树堂、高吉德、陈学德、林锦亭、姜鸣九、周庆华、陈盛甫、高云阶、于春城、郝吉轩、颜景英、万可德、

① 青岛市市政法规汇编·总务·附录［M］. 青岛市政府，1936：124-125.
②⑥ 向禹九. 青岛市国术馆成立以来之回顾［J］. 体育周刊，1934（5）：7.
③⑦ 国术馆举行检定国术教员［N］. 青岛民报，1933-12-1（6）.
④ 向禹九. 所希望于本市国术教员者［J］. 体育周刊，1934（9、10）：8.
⑤ 青岛市国术馆检定国术教员暂行简则［J］. 体育周刊，1933（4）：11-12.
⑧ 国术馆举行二届检定国术教员［N］. 青岛民报，1933-12-3（6）.
⑨ 第二届检定国术教员［N］. 青岛民报，1933-12-20（6）.
⑩ 市考录取武士一律免予检定［N］. 青岛民报，1933-12-24（6）.
⑪ 国术馆检定及格国术教员［N］. 青岛民报，1934-1-14（6）.

张培岳、王岐山、姜爱兰、辛懋荣、李文升、田渐卿、刘衍范、修方端、武永河、曲维绩、赵开鉴、白云鹏、石珠峰、周丛绪、曲清溪、栾秀云、张凤仪、韩松山、韩清泉、王永彭、李清河、狄毓桢、黄鸿贵、江存孝、王明喜、倪清润、孟广增、于法柏、孙玉亭、张吉同、黄铭仁、王敦玉、王锡海、张象贤、钟寿山、王敬信、李恩周、官泰绅、张景春、荆克俭、杜伟岚、杨福江、刘同先、张兆坤、陶作山、刘宪廷、赵殿英、林明玉、孟广瑞、韩树增、徐其达、高芳先、周益臣、李宝宿、冯春暖、王本明、吴金泉、王锡九、程福生、王木桢、王全德、赵光海、高立春、陈兆礼、毛宗浩、李克江、姜起先、赵万魁、齐世耀、王木桂、丁锡禄、邱宝山、胡维正、胡正玟、邵尚武、乔玉发、吴和盛、李绍喜、孙兆明、李国卿、刘宝田、边德成、官令福、姜树征、张凤歧、高圣信、王立珂，共 103 人[①]。其中，各学校教员有王兆礼、马振华、陈学德、林锦亭、高吉德、庄慎生、黄树堂、蓝心诚（信成）、姜鸣九、周庆华、陈盛甫、高云阶、于春城、郝吉轩 14 人[②]。

第一届检定合格换发证书者有孙宝林、齐奇海、刘英华、高仲武[③]、孙秉刚、刘许清、滕秉阳、滕文熇、刘希维、李振邦、郑全昌、徐汉臣、孙玉秀、姜良臣、石以群、张文忠、郝清桂、王永彬、齐秀兰、张寰翥、萧鸿义、张鹏福、张培五、杨新春、高玉兰、田修云、江志桂、钟瑞臣、陈象臣、钟振乾、陈玉田、刘丕诰、郑绍仙、郝鸿训（勋）、程凤歧、戴丕琪、李光宗、贺天鹏、管海云、王松亭、邢福川、王鸿恩、王守义、张锡侯、刘殿魁、张进堂、张美箱、孙瀛洲、李贵言、吕魁兴、纪炳寅、吴春亮、韩兆武、赵玉山，共 54 人[④]。

1934 年 2 月 4 日上午 10 时，国术馆于大礼堂颁发第二届国术教员检

①④ 本市国术馆第二届检定国术教员结束［N］. 青岛民报，1934-2-24（6）.

② 国术馆检定及格国术教员［N］. 青岛民报，1934-1-14（6）.

③ 青岛国术馆第二届检定教员［J］. 体育周刊，1934（9、10）：17-20.

定合格证书。胡家凤副馆长、教育局雷局长、公安局王局长、袁道冲董事，及检定合格人员出席。主席向禹九，司仪韩冠洲，记录臧翔枢。如仪开会，向秘书作报告后，胡副馆长、雷局长、袁董事等相继致辞[①]。

第二届国术教员检定合格者，连同第一届国术教员检定合格人员补换新证书者，全市可做国术教员者达 157 人。就时而论，师资不虞缺乏。此次检定，虽以各项分数平均计算，以定录取标准。然原定分数，概予从宽。如笔试一项，最多不过半数及格。国术馆负有提倡国术使命，为谋前途发展，自不能不有从权远变之计。否则，胶柱鼓瑟，故步自封，于事无济。

向禹九于《体育周刊》发表“所希望于本市国术教员”寄语，深盼国术教员检定合格诸同志，勿自满足，须努力自修，虚心好问。对于本市国术发展及改进，尤当引为己任。修养武德，化除宗派，改良教练，增添项目。青岛市国术界杰出之辈，共同努力，使国术前途放一曙光，为全国开一新纪录[②]。

1936 年，青岛国术普及程度提高，国术教员已不敷分配。前两届国术教员检定合格人员时效将满，而国术馆毕业学员日渐增多，学术兼优者固不乏人。为选拔真才，服务学校，充实各练习所师资，国术馆决定举行第三届国术教员检定。通令所属练习所及历届毕业学员到馆报名[③]。

前两届国术教员检定，考试科目仅限拳术器械，第三届检定增加口令（原拟增加摔角，未见实施）。6 月下旬，国术馆发出布告及《青岛市国术馆检定国术教员简则》，7 月 10 日截止报名[④]。

19 日上午，第三届国术教员检定考试于国术馆举行，报名与考者

① 国术馆颁发检定教员合格证书［N］. 青岛民报，1934-2-6（6）.
② 向禹九. 所希望于本市国术教员者［J］. 体育周刊，1934（9、10）：3-5.
③ 国术馆举办国术教员检定［N］. 青岛时报，1936-6-21（6）.
④ 国术馆拟定简则检定国术教员［N］. 青岛时报，1936-6-22（6）.

285 人。沈市长、胡秘书长及国术馆董事莅场。8 时半，男女应试员排列于操场，向禹九报告举办国术教员检定意义，沈市长训话后，开始考试。考试分四组同时进行。第一组拳术，第二组长器械，第三组短器械，第四组口令。之后，于礼堂笔试。至午后 5 时完竣①。

检定合格者齐世煦、李世基、张金荣、张立廷、康锡之、葛仲闵、张仁俊、商立瑞、蓝信綎、尹忠明、孙绍堂、周志成、王介平、邵惠臣、王养正、马学德、夏继忠、周凤德、董镜吾、徐鸣歧、王木相、佘效曾、袁教伦、江学孟、张详三、袁登歧、周子谦、张书春、周德章、刘鸣九、宫锡三、邵锡鸿、于玑修、刘学甫、韩贵善、高礼仪、张洪林、王传恩、李幹臣、刁洪发、邵增义、彭义专、王珍宙、贯世伟、宋秀文、王海峰、宋玉佩、赵世杰、于锡昌、王德章、张万年、赵焕章、李竹山、张敦泽、李月明、李璟鸿、高绪忠、王建庸、陈希善、于殿卿、张善勤、王书斋、何中州、宋锡林、王丕君、刘京义、袁海久、荆德成、张玉、刘宗璋、刘悦麓、苏玉璞、孙秉连、范春升、田秉义、王芝珍、刘文炳、梁金芳、段永章、黄增利、马德增、武凤同、杨德令、孙文宾、王经田、刘世夏、王治益、戴明存、赵贤瓒、李振勇、楚九恭、孙玉福、阎恒孝、王立琦。国术馆师范班毕业生免试者朱德卿、金吉有、孙克送、马金海、杨为博、孙玉君、韩嘉禄、刘作民、白庆云、周永福、费斌、墨宪忱，共 106 人②。

9 月 20 日上午，于国术馆大礼堂颁发第三届国术教员检定合格证书。市府秘书长兼副馆长胡家凤致辞，并亲自颁发证书。第一、二届检定合格国术教员百余人，同时换发检定证书③。

---

① 国术馆昨日考试国术教员［N］. 青岛时报，1936-7-20（6）.

② 国术馆第三届检定国术教员已揭晓［N］. 青岛时报，1936-8-12（6）.

③ 国术馆昨午颁发国术教员证书［N］. 青岛时报，1936-9-21（6）.

四、举办摔角班与摔角师范班

青岛国术馆创办之初，常秉毅即任教于此，主授摔角。然而，青岛摔角非常幼稚①。1931 年，曾一度研究，然日久废弛，无形中止②。中央国术馆国术考试条例，摔角为考试科目，理应引起重视。1932 年，青岛国术馆将摔角列入工作计划，作为重点开展项目之一③。

1932 年 8 月上旬，国术馆通知所属各练习所，每所酌派二三人来馆参加摔角班学习。摔角班分为甲乙两班，甲班每周一、三、五下午 6 时半至 8 时半，乙班每周二、四、六上午 6 时至 8 时，训练 6 个月毕业，发给证书后，回所执教，以便普及。67 人报名入学④。

14 日，摔角班于国术馆礼堂举行开学典礼，国术馆全体职员及学生到会。主席高云峰（凤岭），司仪藏翔枢，记录崔秉彝。如仪开会，韩冠洲致辞：摔角一项，在体育上占重要地位。青岛市此项人才缺乏，所以国术馆成立摔角班，造就专门人才，以便专授而期普及。希望各位努力用功，以求达到强种救国之目的。常秉毅担任该班班主任⑤。国术馆由海军工厂定造大刀 100 柄，每柄造价 4 元，砍钉截铁不致卷刃⑥，上镌“青岛国术馆”五字，10 月中旬运至国术馆。国术馆编组摔角班，成排操练⑦。

15 日，摔角班开始授课，至 1933 年 2 月中旬，已届毕业之期。因该班学员增加大刀操演，学期延长一个月⑧。3 月 26 日，国术馆摔角班举行毕业典礼。该班考核大刀、摔角式、摔角、考勤四项，及格者 50 名。

---

① 青岛国术馆新屋落成［N］. 申报，1934-12-31（14）.

②③ 青岛国术馆发展国术计划［N］. 东海日报，1932-5-17（6）.

④ 本市国术馆提倡摔角术［N］. 青岛时报，1932-8-14（6）.

⑤ 国术馆摔角班昨早举行开学典礼［N］. 青岛时报，1932-8-15（3）.

⑥ 国术馆造大刀百柄［N］. 青岛时报，1932-9-27（6）.

⑦ 国术馆大刀队将实行练习［N］. 青岛民报，1932-10-19（3）.

⑧ 国术馆摔角班毕业延期一月［N］. 青岛民报，1933-2-14（6）.

第 1 名苏立惠。是日上午 9 时，沈馆长、胡副馆长参加毕业典礼，并颁发证书。教育界、体育界名人亦前往参加。仪式结束后，摔角班学员表演摔角及大刀，以助余兴①。

第一期摔角班毕业后，国术馆续招第二期。沈馆长训令各练习所一体遵照，4 月 1 日至 15 日报名，分令并检发摔角班简则一份，凡有愿练习摔角者，务须依限来馆报名。《青岛市国术馆摔角班简则》②规定，学员资格以练习国术二年以上，略通文理者为合格；年龄在 20 岁以上，24 岁以下；由各练习所选送，或由本市公正绅商二人以上介绍。入学时须交保证金 5 元，毕业时交还，但如中途退学，即予没收；免收学费；科目为摔角式、摔角、大刀术和军事训练；学额以 100 名为限；授课时间为每日早 7 时至 9 时，晚 7 时至 9 时，星期日早 8 时至 10 时；6 个月毕业，经考试及格，发给证书③。

为利于推广摔角，国术馆决定优待第二期摔角班学员。如保证金完全由保证人负责，即可免予缴纳，并展期报名时间至 4 月底④，报名者 60 余人⑤。4 月 30 日上午，于国术馆礼堂举行开学典礼。仍由常秉毅担任教授⑥。该班课程于周日添加军事训练⑦。

9 月，第二期摔角班学员 10 余人旷课多日。22 日，国术馆通知保证人转知该学员，即日来馆上课。如再不到，即行按章开除，并追缴保证金⑧。9 月底举行月考，考试科目为摔角式、摔角实施和大刀。取列前 20

---

① 国术馆摔角班今日午前举行毕业典礼 [N]. 青岛时报，1933-3-26（6）.

② 青岛市市政法规汇编 [M]. 青岛市政府，1936：120.

③ 国术馆沈馆长注重武术 [N]. 青岛时报，1933-3-31（6）.

④ 国术摔角班展期报名 [N]. 青岛民报，1933-4-18（6）.

⑤ 此处报道有误，该班实际人数当为 71 人。参见《青岛时报》1934 年 1 月 1 日第 6 版之“国术馆二期摔角班昨日举行毕业礼”。

⑥ 国术摔角班第二期开学 [N]. 青岛民报，1933-4-29（6）.

⑦ 国术馆二期摔角班昨日举行毕业礼 [N]. 青岛时报，1934-1-1（6）.

⑧ 国术馆整理摔角班 [N]. 青岛民报，1933-9-23（6）.

名者，分别奖励[①]。10 月 2 日，于国术馆礼堂颁发奖品。向禹九、崔绍麟、万铁侯及国术馆全体职员、学员出席，向禹九致辞。此次月考列取前三名有特奖，摔角前六名亦有特别奖。前二十名者，王锡海、周丛绪、王永彭、钟寿山、王锡九、辛懋荣、边德成、毛毓梓、荆克俭、于世友、戴培起、张发元、孙瑞卿、张正起、李绍喜、张振善、陈玉田、苏振悦、李宝宿、郑绍德。摔角优胜六名者，王锡海、王锡九、王永彭、钟寿山、毛毓梓、周丛绪[②]。

12 月 1 日起举行毕业考试，按名逐项考验，科目分摔角式、大刀、摔角和考勤，按四项平均分数评定成绩[③]。9 日考试完毕[④]，71 名学员，退学者 19 人，违规开除者 3 人，考试不及格者 4 人，毕业者 45 人[⑤]。

31 日，第二期摔角班举行毕业典礼，体育界多人前往参加。仪式由国术馆秘书崔绍麟主席，万铁侯秘书报告经过情形，市府体育视察专员董沐曾及国术馆董事宋国模相继演说，对于摔角班取得的成绩及未来发展，多有勉励。崔绍麟向学员颁发毕业证书及奖品，同时向参加第五届全运会及第二届国术国考选手颁发奖品。全体于国术馆门前合影留念[⑥]。

1934 年 3 月上旬，国术馆分令各练习所并发布公告，续招第三期摔角班。3 月 10 日至 31 日报名。学额限定100 名[⑦]。31 日，报名者 121 人[⑧]。4 月 8 日上午，第三期摔角班于国术馆礼堂举行开学典礼。教育局代表曾照常主任，袁道冲董事，及全体教职员学生 140 余人出席。主席向禹九，司仪韩冠洲，记录藏翔枢、崔秉彝。如仪开会，向禹九作报告，袁道冲、

① 国术馆考试摔角班［N］. 青岛时报，1933-10-5（6）.
② 国术馆奖励摔角优胜者［N］. 青岛民报，1933-10-6（6）.
③ 国术馆第二期摔角班毕业期届［N］. 青岛民报，1933-12-5（6）.
④ 国术馆二期摔角班考试完毕［N］. 青岛民报，1933-12-14（6）.
⑤ 国术馆二期摔角班昨日举行毕业礼［N］. 青岛时报，1934-1-1（6）.
⑥ 国术馆第二期摔角班毕业典礼［N］. 青岛民报，1934-1-1（6）.
⑦ 国术馆续招三期摔角班［N］. 青岛民报，1934-3-8（6）.
⑧ 国术馆招考三期摔角班［N］. 青岛时报，1934-3-31（6）.

曾照常先后致辞。该班科目以摔角和大刀为主要课程，本期又新聘济南摔角名手李义三（传忠），与常秉毅共同教授[①]。10日开始授课[②]。

连年来，国术国考及华北运动会赛事频繁，第三期摔角班，教员难以周顾。国术馆由济南聘来张孝才担任助教，与常秉毅共同指导。规定每周一、三、五早班，二、四、六晚班，分两场练习。科员田瑞五教授大刀，周日进行军事训练[③]。

10月，第十八届华北运动会摔角比赛，青岛选手全胜荣归，为各界称道。适逢第三期摔角班临近毕业，国术馆连日组织考试，评定成绩，填写证书，筹备典礼。为造就摔角专门人才，国术馆决定设立摔角师范班，以提升办学质量，培养师资。《青岛市国术馆附设摔角师范班简则》[④]规定正取20名，备取10名。学期一年，每月考试一次，酌给奖金。凡稍有摔角根基，身力强健，粗通文理者，不论军警工商，皆可报名。11月20日截止报名[⑤]。与普通摔角班最大的不同之处是，师范班兼授文化课[⑥]，以提高学员的文化水平与道德素养。

12月上旬，国术馆第三期摔角班考验完毕，及格者87人，不能毕业者数人。俟国术馆迁移新馆后，举行毕业典礼[⑦]。

31日，国术馆摔角师范班举行开学典礼[⑧]。1935年1月，摔角师范班按简则规定实行月考，所有学员名次及成绩榜示公布。第1名至第10名，每人奖大洋5元，第11名至第20名，每人奖大洋3元，由秘书向禹九按名发放。前二十名者为孙玉均（君）、刘作民、赵殿英、白庆云、金

① 国术馆第三期摔角班开学典礼［N］. 青岛民报，1934-4-11（6）.
② 国术馆招考三期摔角班［N］. 青岛时报，1934-3-31（6）.
③ 国术馆积极训练参加华北运动会选手［N］. 青岛民报，1934-8-18（6）.
④ 青岛市市政法规汇编［M］. 青岛市政府，1936：118-119.
⑤ 国术馆设立摔角师范班开始报名［N］. 青岛民报，1934-11-8（6）.
⑥ 国术馆召开大会报告参加华北会经过［N］. 青岛民报，1934-10-30（6）.
⑦ 国术馆三期摔角班已考毕业［N］. 青岛时报，1934-12-4（6）.
⑧ 国术馆摔角班明日开学［N］. 青岛时报，1934-12-30（6）.

吉友、钟寿山、周作桢、谭祖秀、杨为博、郑绍仙、毛宗浩、马金海、王立保、王贤训、张发元、万可德、杨为秀、徐其达、张培成、石珠峰①。

第三期摔角班毕业后，续招第四期。1935 年 1 月 10 日至 2 月 20 日报名②。原定名额 100 人，报名异常踊跃，1 月 24 日即达 90 余人③。截止报名，共有学员 160 余人④。

2 月 24 日，举行第四期摔角班开学典礼。上午，所有学员于国术馆集合。9 时许，国术馆奉沈市长电话，偕省府主席韩复榘赴四方参观，归途至国术馆参观表演。国术馆即通知学员准备。旋即，沈市长陪同韩主席莅馆，表演即在国术馆后院操场进行，男女学员表演拳术、器械、摔角。韩主席称赞不已，11 时表演结束。全体合摄一影，韩主席离馆。第四期摔角班学员遂至礼堂举行开学典礼。副馆长胡家凤主席并致辞，自治委员会袁道冲委员代表来宾演说⑤。

1935 年 10 月，第六届全运会结束后，向宗鼎于国术总结报告中述，青岛市参加摔角比赛选手，皆系摔角师范班学生，训练程度不足。仅轻量级摔角谭祖秀获得第 1 名，重量级、中量级摔角尚缺乏人才，固应努力训练。女子摔角亦应提倡⑥。

1936 年 1 月 19 日上午，国术馆摔角师范班及第四期摔角班，男女学员 160 人，于国术馆举行毕业典礼⑦。随后，国术馆通令各练习所，续办第五期摔角班，2 月 5 日至 25 日报名，学额 100 名⑧。2 月下旬，第五期摔角班招收满额⑨，报名 197 人⑩。沧口各练习所接到国术馆续招第五期

---

① 摔角师范班月考揭晓［N］. 青岛时报，1935-2-22（6）.
② 国术馆摔角班继续招生［N］. 青岛民报，1935-1-10（6）.
③ 摔角班报名者踊跃［N］. 青岛时报，1935-1-25（6）.
④ 国术馆摔角班今日开学［N］. 青岛时报，1935-2-24（6）.
⑤ 韩主席昨至国术馆参观国术表演［N］. 青岛时报，1935-2-25（6）.
⑥ 青岛市体育协进会.青岛市参加第六届全国运动会专号［M］. 1935：21-22.
⑦ 国术馆摔角班昨晨举行毕业礼［N］. 青岛民报，1936-1-20（6）.
⑧ 国术馆摔角班正在筹备续办第五班［N］. 青岛时报，1936-2-4（6）.
⑨ 五期摔角班定期开学［N］. 青岛时报，1936-2-25（6）.
⑩ 国术馆举行第五次董事会议［N］. 青岛时报，1936-3-6（6）.

摔角班通知后，选拔学生 100 余名。因多系工人，赴国术馆路途太远，诸多不便。四（方）沧（口）办事处转函国术馆，请求于沧口设班，由国术馆派员指导①。国术馆接纳建议，决定除在国术馆授课外，于沧口另设一班。3 月 1 日，摔角班第五期举行开学典礼。向禹九报告举办摔角班之必要、摔角对体育之关系后，即请沈市长致辞②。

国术馆于沧口设立摔角班，报名者踊跃，招生达 300 余人。3 月 22 日上午，于沧口小学举行开学典礼③，随后正式授课④。（图 2-9）该班曾向市府请领开办费 300 元。因经费不足，申请追加。市府第 386 次市政会议议决，自 3 月份下半月起，每月支给 150 元经常费，由市府预备金内开支。自 7 月份起，列入 1936 年度预算⑤。

图 2-9　1936 年 3 月青岛市国术馆第五期摔角班乙班开学典礼合影
（采自《青岛武林百年》）

1937 年 3 月 28 日上午，第五期摔角班于国术馆举行毕业典礼⑥。馆长沈鸿烈、副馆长胡家凤，教育局雷局长，各办事处主任，体协委员及国术馆董事、教职员及全体学员与会。向宗鼎主席，报告续办摔角班意

① 沧口各练习所请国术馆在沧设摔角班［N］. 青岛时报，1936-2-28（6）.
② 国术馆第五期摔角班昨日举行开学典礼［N］. 青岛时报，1936-3-2（6）.
③ 沧口摔角班定期举行开学礼［N］. 青岛民报，1936-3-16（6）.
④ 沧口摔角班举行开学礼［N］. 青岛民报，1936-3-22（6）.
⑤ 青岛市政府训令［J］. 市政公报，1936（81）：83.
⑥《青岛民报》1937 年 3 月 29 日第 6 版报道，“3 月 28 日上午第六期摔角班于国术馆举行开学典礼”有误。参见《青岛民报》1937 年 4 月 12 日第 6 版载记之“国术馆六期摔角班昨行开学典礼”。

义，继请沈市长致辞。沈馆长对于提倡国术注重武德要义，作恳切诚挚阐述，勉励全体学员，于练习国术之外，须安分守己，各务其业，努力于良好国民表现。致辞毕，由副馆长胡家凤颁发证书。已招收之第六期摔角班新生 71 人与会[①]。

国术馆第六期摔角班学员 100 余人，4 月 11 日上午，于东镇小学举行开学典礼。胡秘书长、向宗鼎、公安局熊科长、东镇建设办事处张主任、警察局东镇区警察分局凌局长、东镇小学校长夏资乐、摔角班教员张孝才等 50 余人与会。向宗鼎主席，报告举办经过及推进计划，继由胡秘书长代表沈市长致辞，夏资乐等分别致辞。12 日正式授课[②]。按常规第六期摔角班当于是年年底毕业。但此班何时毕业，未能见载。

4 月，国术馆又于李村成立摔角班。25 日上午，于李村小学举行开学典礼。胡秘书长、向宗鼎与国术馆全体职员、李村各小学校教职员及该班学员百余人与会。向宗鼎报告成立该班经过与意义，继为胡秘书长训话，李村小学李校长演讲“国术使命”[③]。

青岛国术馆热衷于举办摔角班，要点在于速效和普及。拳术动辄三五年，须经长时间锻炼，收效较迟。摔角易于练习，收效甚速[④]。六期摔角班和摔角师范班的设立，兼顾普及、提高与发展，为社会培养师资，也提高了摔角技术水平。

五、设立国术练习所

青岛国术馆成立伊始，市区及四方、沧口一带，原有国术团体若干处，参差散漫，毫无系统。国术馆察觉监督指导不力，遂即派员切实调

① 国术馆全运预选班开学［N］. 青岛民报，1937-3-29（6）.
② 国术馆六期摔角班昨行开学典礼［N］. 青岛民报，1937-4-12（6）.
③ 国术馆李村摔角班昨行开学礼［N］. 青岛民报，1937-4-26（6）.
④ 国术馆第三期摔角班开学典礼［N］. 青岛民报，1934-4-11（6）.

查，择其成绩尚佳者，改组为国术练习所。所长教员由国术馆核定加委，发给所牌、戳记、旗帜，并规定《青岛市国术馆练习所简则》[①]若干条，俾资遵守。1929 年底，成立国术练习所 25 处[②]。至 1931 年 5 月，市内、四方、沧口、浮山所成立国术练习所 37 处[③]。

1932 年，国术馆订立《青岛市国术馆所属练习所组织及管理暂行简则》[④]。审慎规定，国术练习所所长须品行端正，并有本市公正绅商二人以上负责保证，方能充任。国术教员则须经国术馆检定合格，始准教授。设立国术练习所必须事先到国术馆备案。经国术馆调查，确与简则符合，方能批准成立[⑤]。

5 月 10 日，国术馆馆务会议通过《1932 年青岛国术馆发展国术计划》。关于普及民众国术方面，决定设立乡村练习所，每庄设立练习所一处，请公安局函令各分局转知各村长，帮同国术馆办理。所长即以该村村长兼任，以便进行。教员由国术馆遴员委充。同时，整顿现有练习所，甄别教员，以重师资。制定表格，按月派员考察各练习所，对于设施状况及教员教授方法等，分别填报，如有不合规定者，随时饬令改良。市内各练习所于星期日来馆练习一次，每星期限定两所，按次轮流，考察检阅成绩尚佳者，颁给奖品或奖状鼓励。各练习所教员薪金、所址租借等一切开支，全赖收取学生费维持现状。国术馆选择办学成绩优良者，酌给补助[⑥]。

8 月，国术馆派员调查发现，民间私设练拳场所 45 处。凡经国术教员检定合格者，饬其即日呈报立案。下旬，到国术馆报请备案者 28 处[⑦]。

---

① 青岛市市政法规汇编·总务·附录［M］. 青岛市政府，1936：118.

② 向禹九. 青岛市国术馆成立以来之回顾［J］. 体育周刊，1934（5）：5.

③ 青岛市国术游艺会告民众书［N］. 青岛市国术游艺比试大会特刊，1931-6-7（2）.

④ 青岛市市政法规汇编·总务·附录［M］. 青岛市政府，1936：125-127.

⑤ 国术馆函请公安局取缔未立案之练习所［N］. 青岛时报，1932-9-9（6）.

⑥ 青岛国术馆发展国术计划［N］. 东海日报，1932-5-18（6）.

⑦ 国术馆私立练拳所调查竣事［N］. 青岛民报，1932-8-24（6）.

9月上旬，未经立案者仍有25处。其所长品行是否纯正，教员技术是否优良，国术馆概不得知。9月8日，国术馆将未经立案，私设之练习所，抄录清单一份，函请公安局饬令各分局严加取缔。公安局接函后，即饬各分局遵办①。

经公安局取缔整顿，私设练习所纷纷向国术馆请求立案。国术馆所属练习所增至60余处，教员均系检定合格人员。10月，又设立20余处②。

嗣后，国术练习所的设立，逐步由市区向郊区农村辐射。阴岛乡区建设办事处主任吴遐龄，奉沈市长面谕，饬令提倡国术，即召集各乡区村长遵办。由后韩家村村民韩岷川，宿留村村民吕子正、吕中樸，东大洋村村民于守润等负责筹备事宜。一面购置各种武器，一面聘请国术教习，11月上旬正式成立国术训练班。12月，于高万丈山另行成立一班③。

至1932年底，国术馆所属练习所达58处，分所23处，共计80余处。练习国术者日见增进，沧口、四方各工厂工人尤喜操练。1933年1月，沧口第二十五练习所因学员过多，呈请于西韩哥庄设立分所一处。四方第二十九练习所，呈请于中韩哥庄、东镇第四路设立分所两处。国术馆派员调查，符合定章，批准成立。第二十练习所亦拟筹设分所④。

为推广国术，普及全市，1933年1月国术馆函请各乡区建设办事处，就近协同各乡长襄助提倡。国术馆公函：国术练习所在附近市区已设80余处，颇具成效。唯乡区僻地，离市辽远，宣传倡导诸多不便。本馆为谋国术普及，不得不偏呼将伯，以为借助他山之计。素仰贵处热心国术，注重建设，拟请就近协同各乡长襄助提倡，迳举长于国术人员，督促成立练习所，以宏造就。相应检同组织简则三份，函请查照办理见复⑤。

---

① 国术馆函请公安局取缔未立案之练习所［N］. 青岛时报，1932-9-9（6）.

② 国术练习所［N］. 青岛时报，1932-10-20（6）.

③ 阴岛办事处推广国术训练班［N］. 青岛时报，1932-12-27（6）.

④ 沧口四方增国术分所［N］. 青岛时报，1933-1-7（6）.

⑤ 国术馆函请各办事处提倡国术［N］. 青岛民报，1933-1-11（6）.

3 月，第二十九练习所学员异常增多，所址不能容纳。所长张寰翥呈请国术馆于四方博山路设立分所一处。国术馆据办事员秘道生查复，一切设备完善，所长热心教授，指令照准①。

阴岛地处海岛，距市辽远，民众对于国术向不讲求。前经阴岛乡区建设办事处尽力提倡，于宿流村成立一班，村民自聘教员，潜心学习。阴岛乡区建设办事处函复国术馆，再检送练习所简章数份，以便督促各村早日成立国术练习所②。

4 月上旬，国术馆获悉，西韩哥庄第二十五国术练习所与村长发生误会。国术馆遂致函李村办事处派员调查，原系国术练习所选址不宜所致。附近居民一致要求村长另觅他处设立练习所，免在住户稠密处妨碍安宁。遂赁定该村西北角房屋，远离居民。办事处召集所长邢福川与村民刘维祜晤面，解释误会，双方达成谅解③。

第十八练习所所长钟瑞臣因无款购置器械，1931 年 3 月曾于新舞台举行游艺会，筹款补助。拟于 1933 年 4 月 28 日，再于新舞台举行游艺会。具文呈请社会局及国术馆鉴核实行④。社会局以国术练习所非其隶属，转报国术馆。国术馆审查，与定章不符，批令不准⑤。

5 月，国术馆发现有国术练习所任意迁移所址，是与《简则》规定殊为不合。各所散布各处，应有适当距离，以便民众就近练习。若所址毗连，势必学员无多，俨同虚设，且争招生徒，易起纠纷。国术馆遂通令各国术练习所，此后无论国术练习所及其分所，不得随便移动。至必要迁居时，务须事先将迁移地点呈报国术馆。经查明核准后，方准迁入⑥。

9 月，青岛市国术练习所已达 66 处，分所 38 处，共计 104 处。时已

① 本市国术馆日趋发展［N］. 青岛民报，1933-3-2（6）.
② 国术馆函请阴岛办事处提倡国术［N］. 青岛时报，1933-3-8（6）.
③ 西韩哥庄设立国术练习所［N］. 青岛民报，1933-4-6（6）.
④ 国术馆十八练习所拟假新舞台举行游艺会［N］. 青岛时报，1933-4-19（6）.
⑤ 第十八国术练习所演习募捐不准举行［N］. 青岛民报，1933-4-21（6）.
⑥ 本市国术馆通令各练习所不得任意迁移［N］. 青岛民报，1933-5-20（6）.

秋季，天气渐凉，练习国术者日众，各练习所纷纷呈请设立分所。第十所王松亭、第十二所钟寿山，分别呈请于李村区王埠庄及台东镇各设分所一处。第十八所钟瑞臣于市内胶州路、博兴路各设分所一处。四方张寰翥、孟庆瑞呈请设练习所各一处[①]。

9月下旬，向禹九、崔绍麟、万铁侯分区视察各练习所[②]。26日晚，国术馆召开所属练习所所长教务会议，商讨改进办法[③]。到会者百余人，向秘书讲话：今天召集各位开会，是为报告此次视察结果。经查各练习所办理程度优劣不一。作为推广国术的基础，先决条件是经费问题。本馆早知各所经费困难，今年（1933年）春运会时曾面陈市长，请求酌予补助。嗣经市府准予自本年度起，每月补助300元。现在练习所已达110余处，若平均分配，为数太少。所以议定，以成绩优劣定补助有无，按季视察，分级发放。此次秋季视察，先以自1932年7月前成立者。一年内成立者稍缓。针对存在的学生武德品行，训练秩序，院所清洁，教授科目，房舍狭小，所址毗邻，考勤及晚训、设备等问题，向秘书提出改善意见[④]。秋季调查考核等级，甲等补助30元，乙等20元，丙等15元。10月中旬，补助费由各所领取。11月进行冬季调查[⑤]，国术馆秘书三人亲往视察，以定优劣[⑥]。

10月中旬，国术馆所属练习所已达119处。韩清泉于大沽口路39号设立练习所一处，招有学生30余人，由高仲武担任教授，呈请国术馆核准备案[⑦]。周益臣设立国术练习所一处，招有学生20余人，国术馆据呈派员调查[⑧]。该所设址冠县路105号，聘祝正森担任教员。国术馆核准，

---

① 国术练习所日有增设［N］. 青岛时报，1933-9-6（6）.
② 国术馆召集各练习所所长谈话［N］. 青岛时报，1933-9-29（6）.
③ 国术馆开教务会议［N］. 青岛民报，1933-9-24（6）.
④ 国术馆召集各练习所所长谈话［N］. 青岛时报，1933-9-29（6）.
⑤ 国术馆练习所领补助费［N］. 青岛民报，1933-10-14（6）.
⑥ 国术馆考查练习所成绩［N］. 青岛民报，1933-11-25（6）.
⑦ 国术馆补助各练习所［N］. 青岛时报，1933-10-14（6）.
⑧ 国术练习所又增设一处［N］. 青岛民报，1933-10-22（6）.

定名为第七十三练习所[①]。11 月下旬，吴和盛设立练习所一处，福建路第四十二练习所所长姜鸣九设立分所一处，国术馆分别派员调查[②]。12 月中旬，核准姜鸣九成立分所；指令吴和盛于新疆路成立第七十五练习所[③]。

历经新陈代谢，国术练习所岁有增加，愈形众多。至 1933 年底，已达 75 处，分所 45 处。较之 4 年前，数目超越倍蓰。各练习所学生黄童白叟、青年壮丁、名媛少女，资质虽殊，而技术均有可取之处[④]。

1934 年 4 月，国术馆派员调查各练习所，发现王松亭第十练习所、张锡侯第十六练习所、韩松山第六十练习所、陈玉田第六十三练习所、吴和盛第七十五练习所，学生太少，办理不善。国术馆明令撤销，派员将各所戳记、大刀收回。李宝玉、黄增利、孙松南、李绍喜四人呈请设立练习所，国术馆派员调查，核准顶补前列各所[⑤]。5 月 1 日，市府照准教育局所请，核发阴岛国术教员购自行车费 42 元[⑥]。

为明了全市学校军训及民众练习国术情形，5 月青岛市府委派董田荪为视察专员。国术馆当即训令各所务须妥为接应，凡咨询事件或指示各节，均应详细陈说，竭力遵从，不得稍有疏忽[⑦]。

同月，国术馆实施春季考核，成绩优良者 47 所。22 日晚，于国术馆礼堂，由秘书向禹九召集各所长报告考核情形，颁发补助费。此次视察各练习所，国术馆派员两人一组，相互监视，以免发生弊端。视察标准为学员多寡及技术与设备状况。对于教学、管理、组织、清洁各方面，尤为注意。补助费分为四等，甲等每所 20 元，乙等每所 15 元，丙等每所 10 元，丁等每所 8 元。所发补助费为数甚微，略示鼓励。丁等各所实

① 国术馆又添七三练习所［N］. 青岛时报，1933-11-9（6）.

② 国术馆举行检定国术教员［N］. 青岛民报，1933-12-1（6）.

③ 国术馆规定中小学校教授国术课程［N］. 青岛民报，1933-12-17（6）.

④ 向禹九. 青岛市国术馆成立以来之回顾［J］. 体育周刊，1934（5）：5.

⑤ 国术馆撤销四练习所［N］. 青岛民报，1934-5-3（6）.

⑥ 青岛市档案馆馆藏档案，档案号：B0031-001-0308-0020.

⑦ 市府派董田荪为视察军训国术专员［N］. 青岛民报，1934-5-3（6）.

非成绩见绌，乃因成立未满一年，不与他所同等待遇。其中甲等第五所郝清桂、第十四所郑绍仙、第十七所田占魁、第二十三所张鹏福、第二十五所邢福川、第二十九所张寰翥、第三十所刘希维、第三十三所管海云、第三十六所王永彬、第三十八所白云鹏、第四十一所张进堂、第四十七所马振华；乙等第六所刘殿魁、第七所李振邦、第九所石珠峰、第十二所沈长利、第二十一所江志桂、第二十二所刘殿臣、第四十二所姜鸣九、第四十四所黄鸿贵、第五十二所刘书昌、第二十六所贺天鹏；丙等第一所张文忠、第十三所郭凤岗、第十八所钟瑞臣、第二十七所滕奇海①、第三十七所王兆礼、第四十六所江存孝、第五十二陈学德；丁等第六十七所孟广瑞、第七十四所王木桢、第六十五所刘宝田、第六十八所张寰翥、第六十九所姜树征②。

春季视察各练习所，颁发补助费工作完竣后，又有高立春、李剑秋、曲寿臣、林锦亭等呈请于市内及台东镇等处设立练习所四处，国术馆派员调查。李村区九水村胡维正呈请于该村设立一所，国术馆派科员常秉毅往查。因该所组织不善，所长胡维正不能常期驻所教授，核与定章不合，批令不准成立③。

8 月上旬，国术馆批准张培五于阴岛小洋村成立第八十八练习所，陈子模于四方西太平村成立第八十九练习所，李建尧于沧口永康路 9 号成立第九十练习所。张兆坤于台西一路设立第十六练习所，办理不善，即予取消，改派萧鸿义于台东顺兴路成立第十六练习所④。

8 月中旬，国术馆颁发练习所夏季补助费。按视察成绩核定，甲等 20 元，乙等 15 元，丙等 10 元，丁等 8 元。甲等马振华等 11 所，乙等张

① 此系滕秉阳之误，见《青岛时报》1935 年 11 月 12 日第 6 版“国术馆颁发各练习所秋季奖金”一文。

② 国术馆颁发各练习所春季补助费 [N]. 青岛民报，1934-5-25（6）.

③ 国术馆整理练习所 [N]. 青岛民报，1934-6-2（6）.

④ 国术馆考选摔角选手 [N]. 青岛时报，1934-8-9（6）.

寰翥等15所，丙等陈学德等15所，丁等钟寿山等7所，共48所，受补助者超过半数。为资助偏远地区，国术馆通知正在筹办中的薛家岛、阴岛等处国术练习所，到馆领取补助费①。

国术练习所日见增加，大有普及乡区之势。东吴家村村长林文全呈请于该村设立练习所一处，公推村民林（显珉）为所长。国术馆派员调查后，核准成立第九十一练习所。沧口区王某、台南镇王某、四方郑某亦向国术馆呈请于该区设立练习所②。刘国英呈请于锦州路设立练习所，袁恩传呈请在台东镇设立练习所。国术馆派职员田瑞五、田鸿业二人分往详查③。

10月上旬，青岛国术馆派员视察所属各练习所秋季成绩，照例评定等级，分为甲乙丙丁颁给补助费④。10月下旬视察完竣，考核列等⑤。28日，国术馆召集所属练习所所长教员开会，到会者百余人。向禹九报告本市参加第十八届华北运动会国术与赛经过，宣布招考摔角师范班，颁发练习所冬季补助费。各练习所成绩按管理、整洁、技术、人数四项，又分十小项计分⑥。

12月，国术馆新址落成典礼后，遂拟就《1935年青岛市国术馆工作计划》，关于国术练习所发展作出规划：

一、划分区域。各练习所散居各处，以市内及四方、沧口一带为最多。各所距离既不相等，所辖人口亦不平均。稍形偏远之地，类多缺如，殊非整齐划一之道。拟将市内及四方、沧口地带，就原有练习所加以整理，距离必须相当。其有学生极少者，酌予裁并或迁移人口较密之处。

① 国术馆定期颁发各练习所补助费［N］. 青岛时报，1934-8-11（6）.
② 国术练习所乡区各地纷纷成立［N］. 青岛民报，1934-8-19（6）.
③④ 国术馆练习所继续增添［N］. 青岛时报，1934-10-5（6）.
⑤ 国术馆训令各练习所注重武德［N］. 青岛时报，1934-10-26（6）.
⑥ 国术馆召开大会报告参加华北会经过［N］. 青岛民报，1934-10-30（6）.

尚未设立地方，由各乡区办事处召集村长组织成立。

二、联络民众补习学校切实合作。凡民众补习学校，每星期必须添入国术二、三小时，由附近练习所担任。每一练习所如有不识字者 15 人以下，迫令兼到民众学校听讲。如人数过多，即请民众学校派人往教，可将附近各练习所学生集合一处教授。务使文武并进，不致偏废。

三、增加补助费。练习所已成立 95 所，各所经费拮据已达极点，多有拖欠房租者。本馆补助费每月只有 300 元，平均每所 3 元有奇，实太微薄。拟增加为 500 元，随时视察，择发奖励，以资策进。

四、乡区办事处应予协助。各练习所散处乡区，本馆派员视察，交通不便，时间参错，颇感困难。拟由办事处对于下列各项尽量帮助：本馆派员往察时，得在该处寄宿；练习所发生困难及纠纷，得随时报告本馆或就近处理；练习所招收学生须代为劝导；清洁秩序，注意考察，随时改善；各练习所房屋操场，极形狭隘，附近公众体育场或学校运动场应予借用，以便团体操练。各所收取学费，亦应划一，不得过于悬殊[①]。

自 1933 年 7 月份起，市府每月照发国术练习所补助费 300 元。是时练习所不满 60 所，至 1934 年底已增加为 95 所。以每月 300 元计，平均每所仅补助 3 元，实难分配。而练习所发达程度关乎国术前途。国术馆核查各所经费，除收取学员学费外，毫无来源，甚为拮据。若不由国术馆酌予补助，工作难有起色。因之于 1935 年 1 月中旬，呈文恳乞市府，自 1935 年 1 月份起，国术馆补助费每月追加 100 元，练习所补助费每月追加 200 元[②]。1 月下旬，市府第 339 次市政会议议决，国术馆所需款项，自 2 月份起，由财政局筹拨[③]。

青岛国术发展势态迅猛，国术练习所成立近百所，分布市内、东镇、

① 国术馆拟定推进国术整个计划［N］. 青岛民报，1935-1-29（6）.

② 青岛市档案馆馆藏档案，档案号：B0031-001-0308-0086.

③ 青岛市档案馆馆藏档案，档案号：B0031-001-0308-0090.

四方、沧口、浮山所、薛家岛、阴岛等处。国术馆循例分春夏秋冬四季派员视察[①]。1935 年 1 月，完成冬季视察[②]。

为明了国术馆及所属各练习所情况，3 月 4 日晚 7 时，市长沈鸿烈偕同秘书长胡家凤赴国术馆视察。随后，由向禹九陪同前往福建路第四十二练习所等处参观。沈市长对各练习所努力练习，甚为满意。直至 9 时，返回私邸[③]。3 月 12 日，沈市长训令国术馆，指派国术馆科员韩冠洲、高作霖兼任视察员，随时视察，以资改进[④]。

4 月中旬，春季视察考核完成，17 日分发奖金。甲级齐奇海等 3 所，各颁奖金 30 元，乙级于化龙等 12 练习所，各发奖金 26 元，丙级不详（当计发 308 元），丁级刘殿魁等 19 练习所，各发奖金 18 元，戊级李清河等 9 所，各发奖金 14 元。合计 1178 元[⑤]。（图 2–10）

图 2–10　1935 年青岛国术馆第三十八练习所教员及学员合影
（采自《青岛武林百年》）

市内及附近各区国术练习所，对于民众就近练习，颇具成效。而离市辽远各地，提倡劝导实感困难。如不借助他山，深恐普及无望。为推行便利，国术馆拟具《国术馆协同建设办

① 国术馆冬季视察各练习所成绩［N］. 青岛民报，1935–1–18（6）.
② 国术馆视察各练习所［N］. 青岛时报，1935–1–26（6）.
③ 沈市长昨晚视察国术馆［N］. 青岛民报，1935–3–5（6）.
④ 沈市长重视国术指派专员随时视察［N］. 青岛时报，1935–3–13（6）.
⑤ 国术馆定期分发各练习所奖金［N］. 青岛民报，1935–4–17（6）.

事处推行国术办法大纲》，由各建设办事处帮助提倡，事半功倍。6月29日[①]，国术馆董事会议通过此项办法，呈请市府审核。7月上旬，市府核准备案[②]，函达市乡区各建设办事处协助办理[③]。

7月5日上午，沧口办事处召集沧口各国术练习所所长教员会议，商讨推广国术，到会20余人。国术馆派代表秘道生与会。李主任传达《国术馆协同建设办事处推行国术办法大纲》。众意以为，欲达国术普遍推行与切实整顿，首当调查现状。遂推举齐奇海、刘殿魁、王永斌（彬）、江存孝、刘希维、褚九宫、于化龙、邢福川8人，担负四沧区国术练习所调查责任。限7月10日调查完毕，报告国术馆[④]。

11月上旬，国术馆核定各练习所秋季考绩，计甲等6所，各奖20元；乙等15所，各奖18元；丙等27所，各奖16元；丁等30所，各奖14元。11月10日，由向禹九颁发补助费。甲等：第三十九练习所王锡九，第二十五练习所邢福川，第五十二练习所陈学德，第十七练习所田占魁，第六十八练习所张寰翥，第三十二练习所孙玉秀；乙等：第三十四练习所李光宗，第十二练习所钟寿山，第四十六练习所江存孝，第四十一练习所张进堂，第三十八练习所白云鹏，第三十练习所刘希维，第十四练习所郑绍先，第三十五练习所齐奇海，第六十六练习所于化龙，第四十二练习所姜鸣九，第三十七练习所孙宝林，第五十八练习所陈盛甫，第五练习所郝清桂，第五十练习所郝吉轩，第七十八练习所张美箱；丙等：第七十五练习所高圣信，第七十四练习所王木桢，第五十六练习所于法柏，第九十六练习所乔顺侠，第四十练习所赵百川，第六十七练习所戴国贞，第七练习所李振邦，第八十练习所武永河，第二十八练习所孙文宾，第一女子练习所栾秀云，第九十三练习所李振勇，第四练习

① 国术馆定期举行董事会议［N］. 青岛晨报，1935-6-26（7）.

② 青岛市政府训令［J］. 市政公报，1935（72）：201.

③④ 国术馆积极推行国术［N］. 青岛时报，1935-7-6（6）.

所徐汉成，第十五练习所田修云，第八十二练习所韩树增，第十九练习所孙瀛洲，第八十五练习所董鸿胜，第八十一练习所高立春，第四十九练习所边德成，第六练习所刘殿魁，第二十一练习所江志桂，第一练习所张文忠，第九十五练习所王锡海，第二十七练习所滕秉阳，第六十四练习所王敦玉，第七十练习所李国卿，第二十六练习所贺天鹏，第八十八练习所孙步青；丁等：第八十四练习所阎恒孝，第七十六练习所毛宗浩，第六十一练习所郝鸿训，第七十九练习所孙玉亭，第六十五练习所刘宝田，第五十七练习所陈象臣，第三十六练习所王永彬，第二十九练习所张寰翥，第九练习所石珠峰，第二女子练习所姜爱兰，第七十一练习所韩清泉，第五十一练习所袁恩传，第十三练习所郭凤岗，第七十七练习所赵殿英，第八十六练习所王海峰，第九十一练习所林显珉，第十练习所李宝玉，第四十八练习所胡正玟，第二十二练习所陈盛甫，第七十三练习所黄增利，第三练习所李联鉦，第二练习所张克勤，第十六练习所萧鸿义，第九十二练习所吴金泉，第五十五练习所王治益，第八练习所郑全昌，第四十四练习所黄鸿贵，第二十三练习所张鹏福，第七十二练习所孙步青（实载 29 所）[①]。（表 2-2）

表 2-2　青岛市国术馆所属（部分）练习所一览表一[②]

名　称	所长姓名	所　址	备　注
第一女子练习所	栾秀云	平原路	
第二女子练习所	姜爱兰	无棣路 7 号	

① 国术馆颁发各练习所秋季奖金［N］. 青岛时报，1935-11-12（6）.

② 据《青岛时报》1933 年 1 月 7 日第 6 版；《青岛民报》1933 年 4 月 6 日第 6 版；《青岛时报》1933 年 4 月 19 日第 6 版；《青岛时报》1933 年 10 月 14 日第 6 版；《青岛民报》1933 年 12 月 17 日第 6 版；《青岛民报》1934 年 5 月 3 日第 6 版；《青岛民报》1934 年 5 月 25 日第 6 版；《青岛时报》1934 年 8 月 9 日第 6 版；《青岛民报》1934 年 8 月 19 日第 6 版；《青岛民报》1935 年 3 月 5 日第 6 版；《青岛时报》1935 年 6 月 1 日第 6 版；《青岛时报》1935 年 11 月 12 日第 6 版；《青岛民报》1935 年 11 月 12 日第 6 版；《青岛时报》1936 年 10 月 25 日第 6 版整理。

（续表）

名　称	所长姓名	所　址	备　注
第一练习所	张文忠		
第二练习所	张克勤	北平路大新商场	
第三练习所	李联鉟		
第四练习所	徐汉成		
第五练习所	郝清桂		
第六练习所	刘殿魁		
第七练习所	李振邦		
第八练习所	郑全昌		
第九练习所	石珠峰		
第十练习所	王松亭		1934年5月前
	李宝玉		1935年5月后
第十一练习所			不详
第十二练习所	沈长利		《青岛民报》1934年5月25日第6版
	钟寿山		《青岛时报》1935年11月12日第6版
第十三练习所	郭凤岗		
第十四练习所	郑绍先		
第十五练习所	田修云		
第十六练习所	张锡侯		1934年5月被撤
	张兆坤	台西一路	1934年8月前
	萧鸿义	台东顺兴路	1934年8月后
第十七练习所	田占魁		
第十八练习所	钟瑞臣	芝罘路	
第十九练习所	孙瀛洲		
第二十练习所			不详
第二十一练习所	江志桂		
第二十二练习所	刘殿臣		《青岛民报》1934年5月25日第6版
	陈盛甫		《青岛时报》1935年11月12日第6版
第二十三练习所	张鹏福		

（续表）

名 称	所长姓名	所 址	备 注
第二十四练习所			不详
第二十五练习所	邢福川	沧口	
第二十六练习所	贺天鹏		
第二十七练习所	滕秉阳		
第二十八练习所	孙文宾		
第二十九练习所	张寰翥	四方	
第三十练习所	刘希维		
第三十一练习所			不详
第三十二练习所	孙玉秀		
第三十三练习所	管海云		
第三十四练习所	李光宗		
第三十五练习所	齐奇海		
第三十六练习所	王永彬		
第三十七练习所	王兆礼		《青岛民报》1934 年 5 月 25 日第 6 版
	孙宝林		《青岛时报》1935 年 11 月 12 日第 6 版
第三十八练习所	白云鹏		
第三十九练习所	王锡九		
第四十练习所	赵百川		
第四十一练习所	张进堂		
第四十二练习所	姜鸣九	福建路	
第四十三练习所			不详
第四十四练习所	黄鸿贵		
第四十五练习所			不详
第四十六练习所	江存孝		
第四十七练习所	马振华		
第四十八练习所	胡正玟		
第四十九练习所	边德成		
第五十练习所	郝吉轩		
第五十一练习所	袁恩传		

（续表）

名 称	所长姓名	所 址	备 注
第五十二练习所	刘书昌		《青岛民报》1934年5月25日第6版
	陈学德		《青岛时报》1935年11月12日第6版
第五十三练习所			不详
第五十四练习所			不详
第五十五练习所	王治益		
第五十六练习所	于法柏		
第五十七练习所	陈象臣		
第五十八练习所	陈盛甫		
第五十九练习所			不详
第六十练习所	韩松山		1934年5月被撤
第六十一练习所	郝鸿训		
第六十二练习所			不详
第六十三练习所	陈玉田		1934年5月被撤
第六十四练习所	王敦玉		
第六十五练习所	刘宝田		
第六十六练习所	于化龙		
第六十七练习所	孟广瑞		《青岛民报》1934年5月25日第6版
	戴国贞		《青岛时报》1935年11月12日第6版
第六十八练习所	张寰翥		
第六十九练习所	姜树征		
第七十练习所	李国卿		
第七十一练习所	韩清泉	大沽口路39号	
第七十二练习所	孙步青		
第七十三练习所	周益臣	冠县路105号	《青岛时报》1933年11月9日第6版载教员祝正森
	黄增利		《青岛时报》1935年11月12日第6版

（续表）

名　称	所长姓名	所　址	备　注
第七十四练习所	王木桢		
第七十五练习所	吴和盛	新疆路	1934 年 5 月被撤
	高圣信		
第七十六练习所	毛宗浩		
第七十七练习所	赵殿英		
第七十八练习所	张美箱		
第七十九练习所	孙玉亭		
第八十练习所	武永河		
第八十一练习所	高立春		
第八十二练习所	韩树增		
第八十三练习所			不详
第八十四练习所	阎恒孝		
第八十五练习所	董鸿胜		
第八十六练习所	王海峰		
第八十七练习所			不详
第八十八练习所	张培五	阴岛小洋村	《青岛时报》1934 年 8 月 9 日第 6 版
	孙步青		《青岛时报》1935 年 11 月 12 日第 6 版
第八十九练习所	陈子模	四方西太平村	
第九十练习所	李建尧	沧口永康路 9 号	
第九十一练习所	林显珉	东吴家村	
第九十二练习所	吴金泉		
第九十三练习所	李振勇		
第九十五练习所	王锡海		
第九十六练习所	乔顺侠		

为切实考察所属各练习所工作业绩，国术馆 11 月厘定《青岛市国术馆练习所考绩简则》[①]，呈请市府核准备案[②]。至 1935 年底，国术练习所

① 青岛市国术馆练习所考绩简则［J］. 市政公报，1935（76）：156–157.

② 青岛市档案馆馆藏档案，档案号：B0022–001–0262–00187.

增至 106 处，又添 2 处女子国术练习所[1]。因各练习所散居各处，国术馆视察难周，故分函各办事处就近帮同视察，以期缜密[2]。各办事处积极配合国术馆调查考核[3]。（图 2-11）

1936 年 2 月，沧口第三十五练习所戴琦书等 10 人，学业期满，11 日举行毕业考试。国术馆派韩冠洲、李传忠监考，科目包括拳脚、器械等项，考试严格。所长齐奇海将考试结果呈报国术馆[4]。

图 2-11　青岛第一女子国术练习所学员表演劈腿姿势

（采自《北洋画报》1935 年 7 月 18 日第二版）

3 月，沧口国术练习所已达 30 余处，而国术馆设址市内，欲指导沧口国术，殊有困难。国术馆于沧口开办摔角班，事务更加繁重。为便利指导，国术馆派齐奇海常驻沧口，指导国术事务[5]。5 月 22 日，国术馆于沧口正式成立办公处。地址暂设振华路，由科员齐奇海及摔角班教师轮流值日。内部设备完善，便于指导各练习所[6]。

崂东区王哥庄国术练习所，1935 年 12 月成立，遴选国术馆毕业学员段永章担任教授，招收学员 30 名。教师学员精神甚佳[7]。1936 年 3 月，

① 青岛市国术馆二十四年度概况一览表［J］. 国术周刊，1935（146、147）：17.

② 国术馆督促练习所各自奋勉［N］. 青岛时报，1935-11-20（6）.

③ 国术馆考核各练习所春季成绩［N］. 青岛时报，1936-3-14（6）.

④ 第三十五练习所举行学生毕业考试［N］. 青岛时报，1936-2-12（6）.

⑤ 国术馆新派齐奇海指导沧口国术［N］. 青岛时报，1936-3-26（6）.

⑥ 沧口新设立国术办公处［N］. 青岛时报，1936-5-23（6）.

⑦ 崂东区一月份报告摘要［J］. 青岛自治周刊，1936（213）：4.

浮山区办事处报告，该区国术练习所 6 处，学员总数 104 人①。阴岛区萧家镇于民众教育馆旧址成立国术练习所，由国术教员孙步青义务教授，24 人入所练习②。阴岛乡区建设办事处遵照青岛国术馆函嘱，按季查报各练习所成绩。1936 年秋季，派教育股职员姚宝森同国术馆教员孙学（步）青，分赴邵哥庄第七十二练习所，宿流村第八十八练习所，及萧安（家）镇第一百五十三练习所视察，检附原表函达国术馆汇核③。

经数年不懈努力，青岛国术发展迅猛。究心此术者，实繁有徒。昔年角艺华北及全国运动大会，迭膺首选。造就国术人才，数量激增。国术练习所添设，如雨后春笋。1936 年 10 中旬统计，市乡区新设练习所 29 处。（表 2-3）

表 2-3　青岛市国术馆所属（部分）练习所一览表二④

名　称	所长姓名	所　址	备　注
第一百三十一练习所	杨德令	沧口北营子村 279 号	
第一百三十二练习所	周永福	北平路大新市场	
第一百三十三练习所	秘道生	锦州路 8 号	
第一百三十四练习所	邱宝山	逍遥村	
第一百三十五练习所	杨为博	东镇理口路三星里	
第一百三十六练习所	孙秉连	沧口区板桥坊 4 号	
第一百三十七练习所	刘叶堂	济宁路 48 号克勤里	
第一百三十八练习所	宋玉沛	王家麦岛村 52 号	
第一百三十九练习所	赵贤瓒	西流村 42 号	
第一百四十练习所	陈希善	炉房村 64 号	
第一百四十一练习所	刘世夏	上王埠庄村 145 号	
第一百四十二练习所	孙玉福	达翁村 537 号	
第一百四十三练习所	孟广增	福建路	

① 视察国术练习所［J］. 青岛自治周刊，1936（191）：4.

② 阴岛区八月下半月报告摘要［J］. 青岛自治周刊，1936（213）：3.

③ 阴岛区十月下半月报告摘要［J］. 青岛自治周刊，1936（220）：4.

④ 市乡各区新添之国术练习所［N］. 青岛时报，1936-10-15（6）.

（续表）

名 称	所长姓名	所 址	备 注
第一百四十四练习所	袁成本	李村区河西村 60 号	
第一百四十五练习所	田效先	济南路博爱里	
第一百四十六练习所	袁德鸿	李村区曲哥庄东村	
第一百四十七练习所	臧永智	李村区曲哥庄西村	
第一百四十八练习所	阎守瑜	太王村小阳路	
第一百四十九练习所	孙泉溪	李村区小埠东村	
第一百五十练习所	刘香亭	营子村	
第一百五十一练习所	王喜增	李村区大庄村 69 号	
第一百五十二练习所	周子谦	台东三路	
第一百五十三练习所	孙步青	阴岛区萧家镇	
第一百五十四练习所	王建庸	泰山路 70 号	
第一百五十五练习所	李成先	李村区杨哥庄 98 号	
第一百五十六练习所	张凤尊	夏庄区张家沙沟 72 号	
第一百五十七练习所	宫化亭	沧口营子村大马路 278 号	
第一百五十八练习所	亢中正	浮山区亢家庄阎氏宗祠	
第一百五十九练习所	孙日进	沧口区营子村 193 号	

10 月 29 日，市府第 429 次市政会议议决，每月增加国术练习所补助费 100 元，由预备金内开支①。自此，市府每月补助国术练习所金额 600 元。《青岛公报》1948 年 7 月 7 日第三版报道，七七事变前，青岛国术馆所属练习所达 180 余处。

六、推进学校国术教育

20 世纪 20 年代，青岛学校武术活动已现端倪。1924 年 4 月 25 日，青岛中学召开学校周年纪念日，学生即于运动场表演各种武术，精神抖擞、活泼异常②。

① 市府增加国术练习所补助费［N］. 青岛时报，1936-11-1（6）.

② 各省教育界杂讯［N］. 申报，1924-4-29（10）.

国术馆成立以来，对于提倡国术锐意进取，不遗余力。各机关、学校、工厂，军警商界及民众方面逐渐推广，均有成效。学校国术教育方面，国术馆与教育局密切沟通与合作，逐步实现了由自然发展到规范管理的过渡。

20 世纪 20 年代末，有私立学校于体育课程添设国术教学。如青岛崇德中学，1929 年 8 月聘纪雨人担任国术教员兼童子军指导员①。（图 2–12）

1931 年 10 月，国立青岛大学为谋增加学生课外锻炼机会，添设国术活动。学生报名选习者 30 余人。体育部积极物色国术界负有声望者充任国术教师②。1932 年，高云峰被国立山东大学聘为国术教师，授课一年。1935 年，再次受聘任教③。1936 年 10 月，韩冠洲应聘到国立山东大学指导国术④。（图 2–13）

图 2–12　纪雨人先生遗照
（采自《青岛崇德中学校刊》）

图 2–13　韩冠洲先生遗照
（采自《浙江国术游艺大会汇刊》）

① 教职员一览［M］. //青岛崇德中学校刊. 1933：204.

② 体育部消息一束［N］. 国立青岛大学周刊，1931–10–20（1）.

③ 体育部聘高云峰先生为国术教师［N］. 国立山东大学周刊，1935–3–25（2）.

④ 体育部布告［N］. 国立山东大学周刊，1936–10–19（1）.

为普及中小学国术，1932 年 6 月上旬，国术馆函请教育局于各学校加添国术一科，规定时间，由国术馆派员指导[①]。1933 年 1 月 6 日[②]，国术馆召开董事会，讨论乡区学校缺乏国术教员应如何添补一案，议决应俟教育局下学期预算决定后再议[③]。是时，已有私立学校自行聘请国术教员。4 月，胶济铁路中学聘请韩冠洲充任国术教员，每日到校授课。胶路局指令总务处，每月发给车马费 20 元[④]。

1933 年，中小学国术教育未能普及，且各校聘请国术教员，教授方法多不一致。12 月，青岛市教育局着手制定中小学体育课程标准。国术馆闻讯，即召集各校国术教员会议，将国术课程详加讨论，拟分必修科、选修科，规定每级每周授课若干学时。16 日，函请市府审核，转令教育局采纳实施[⑤]。23 日，国术馆再次致函市府：本市各中小学校应用体育课程标准，教育局正在审定中，而国术标准亦应同时规定，以便公布实行。经本馆召集各校国术教员开会讨论，按照各级学校办学程度，选择适当教材，拟定国术课程标准，俾资依据，而使推行。函请查照，惠预令行教育局，转饬各学校照办。市府即令教育局查核办理。

国术馆初步拟定国术课程标准。（表 2–4）

表 2–4　青岛市中小学校国术课程标准[⑥]

学　级	必修科	选修科	附　注
初小四年级	弹腿		1. 凡必修科须用团体教练
高小一年级	拳式、连贯	摔角、刀棍	2. 凡选修科目学生可自由选择
二年级	单拳、大刀	踢毽	3. 必修科每周拟定二小时

① 国术馆函教育局加添国术［N］. 青岛民报，1932–6–2（6）.
② 沧口四方增国术分所［N］. 青岛时报，1933–1–7（6）.
③ 本市国术馆准备参加华北运动会［N］. 青岛时报，1933–1–9（3）.
④ 铁中聘请国术教员［N］. 青岛民报，1933–4–6（6）.
⑤ 国术馆规定中小学校教授国术课程［N］. 青岛民报，1933–12–17（6）.
⑥ 据《体育周刊》1933 年第 4 期第 12 页“青岛国术馆之推行工作”整理。

（续表）

学 级	必 修 科	选 修 科	附 注
初中一年级	单拳、棍	摔角、射箭、单器械	4. 凡中学应购备测力仪器全份 5. 选修科每日练习一小时
二年级	摔角式、对拳	摔角、射箭、单器械	
三年级	大刀、拳、剑式	摔角、射箭、单器械	
高中一年级	拳、摔角、对摔	高中三级均设摔角、射箭	
二年级	拳、对散手、单棍、对棍	高中三级均设单器械、对器械	
三年级	拳、单剑、刺枪	高中三级均设石墩子、打镖、测力	
女小学部高级	踢腿、拳式	踢毽	
女初中一年级	单拳、对拳	踢毽、射箭、测力、弹弓	
二年级	单拳、单刀	踢毽、射箭、测力、弹弓	
三年级	单拳、舞剑	踢毽、射箭、测力、弹弓	
女高中一年级	单拳、对剑	踢毽、射箭、测力、弹弓	
二年级	单拳、单刀	踢毽、射箭、测力、弹弓	
三年级	单拳、双刀	踢毽、射箭、测力、弹弓	

经教育局体育委员会与国术馆反复研究磋商，学校体育课程标准国术部分得以确定。1935 年 2 月 23 日，青岛市教育局公布《青岛市中小学学生体育暂行标准》。有关国术部分如下：

男子中学部高级

一年级：拳术（单拳、对拳）、器械（单剑、对剑、单棍、对棍、刺枪）、摔角

二年级：拳术（单拳、对拳）、器械（单剑、对剑、单棍、对棍、刺枪）、摔角

三年级：拳术（单拳、对拳）、器械（单剑、对剑、单棍、对棍、刺枪）、摔角

男子中学部初级

一年级：拳术（单拳、对拳）、器械（棍、大刀、剑式）、摔角式
二年级：拳术（单拳、对拳）、器械（棍、大刀、剑式）、摔角式
三年级：拳术（单拳、对拳）、器械（棍、大刀、剑式）、摔角式

男子小学部高级

五年级：拳术（拳式、弹腿、连贯、单拳）、器械（大刀）
六年级：拳术（拳式、弹腿、连贯、单拳）、器械（大刀）

男子小学部初级

三年级：拳式
四年级：拳式

女子中学部高级

一年级：拳术（拳式、弹腿、连贯、单拳）、器械（大刀）
二年级：拳术（拳式、弹腿、连贯、单拳）、器械（大刀）
三年级：拳术（拳式、弹腿、连贯、单拳）、器械（大刀）

女子中学部初级

一年级：拳术（拳式、弹腿、连贯、单拳）、器械（大刀）
二年级：拳术（拳式、弹腿、连贯、单拳）、器械（大刀）
三年级：拳术（拳式、弹腿、连贯、单拳）、器械（大刀）

女子小学部高级

五年级：拳术（拳式、弹腿、连贯、单拳）、器械（大刀）
六年级：拳术（拳式、弹腿、连贯、单拳）、器械（大刀）

女子小学部初级

三年级：拳式

四年级：拳式①

教育局通令各中小学，自1935年春季，切实施行此项标准②。

国术馆历年锐意进取，成效显著。然而，各项工作的推进，多属自然之势，事前鲜有整体规划，以故缺陷尚多。1934年底，国术馆新宇落成，根基巩固。国术馆遂拟具《1935年青岛市国术馆工作计划》，摺呈市府核示分别实施。关于学校国术发展作出如下规划：

一、乡区学校应普添国术。国术教学与田径、球类不甚相宜。体育科目应注重国术，辅以童子军及军事训练。先将全市学校划为若干学区，每区设国术教员一人，如不能兼军训及童子军者，即加聘一人，以示并重。

二、教育局体育委员会制定体育课程及体育标准，已加入国术部分。各校未见诸行动，自难收效。拟请教育局通令各学校一体实行。市内偏重田径球类，乡区则专重国术，分别进行，殊途同归。

三、训练师资。国术教员学识虽浅，皆勇于负责。暑期拟将全市国术教员集中训练，改进教学方法，核定教材，辅授童子军及军事训练，以为治标办法。治本办法则系添招师范班，须高中毕业生，体育有根底者，肄业二年，期满毕业。教授科目为国术及各种体育，毕业后分派各校充任教员。此应归教育局主办，国术馆仅负教授国术之责。此种办法，但须二年以后方可收效，故不能不先有治标办法，以补救之。

四、注重竞赛及观摩。各种运动会，国术虽已加入，仍以田径球类为主；学校方面多系新式体育，国术运动员以民众为多。嗣后春季运动

① 青岛市市政法规汇编·教育［M］. 青岛市政府，1936：122-133.

② 青岛市制定学生体育标准［J］. 山东体育史料，1985（6）：26.

会或冬季竞赛会，应多添国术项目，偏重学校方面，以期推进[①]。

推广与普及中小学国术，建立师资队伍与制订教材是两项基础工作。1935 年 3 月 11 日，国术馆举行青岛市中小学国术教材编辑委员会筹备会第一次会议。出席者陈盛甫、刘英华、孙子建、王星五，及国术馆全体教职员，主席向禹九，记录臧翔枢。向禹九报告本市中小学国术教材向不统一，以致考察学生程度感到困难。为统一教材，按各级学生年龄编定，以便于本年暑假期间成立国术教员训练班。因时间紧迫，编辑恐难完善，高中部教材暂从缓议。本市高中不多，尚未正式加添国术，初中及小学部分，于暑假以前编辑完成。议决编辑中小学校国术教材原则六条，小学部三四年级教材，似宜简单，以儿童容易了解记忆模仿为准；小学部高级教材，仍宜简单，各式动作可采用长拳；初中教材，以普通拳术、器械成套改编，注意团体训练及实用方面；高中教材，注重用法；女子小学部教材，采取柔和美观为准，动作可多采用太极拳、八卦掌。推定高云峰为编辑委员长，小学部刘英华、孙子建、高仲武为编辑委员，男初中部陈盛甫、杨明斋、韩冠英为编辑委员，女初中部田鸿业、汪华亭、张孝才为编辑委员。限定 5 月 15 日以前全部脱稿[②]。

7 月，李村区各小学需添国术教员 4 人；夏庄区各小学需添国术教员 5 人。是时，第三届国术市考考取武士及各项合格人员 38 人，尚有 10 人待聘。国术馆将尽先派往各处服务[③]。27 日晚，国术馆举行全体董事会，讨论实行办法[④]。

国术馆历年派往各校的国术教员，前后缺乏衔接连贯而失之规范。9月 30 日，教育局将乡区小学国术教员服务区域重新分配委任，以为普

① 国术馆拟定推进国术整个计划［N］. 青岛民报，1935-1-29（6）.
② 国术馆筹备编辑中小学国术教材［N］. 青岛时报，1935-3-14（6）.
③ 各乡办事处提倡国术［N］. 青岛时报，1935-7-25（6）.
④ 国术馆定期举行董事会［N］. 青岛民报，1935-7-26（6）.

及小学国术教育创造有利条件。合行检发《推广学校国术训练暂行办法》①《国术教员分区服务一览表》②。（表2–5）

表2–5　国术教员分区服务一览表③

主聘学校	兼任学校	教员姓名	每月待遇
李村小学	东李村小学、曲哥村小学	李文升	20元
下河小学	上流臧家小学、侯家村小学、郑庄小学	刘希维	25元
张村小学	枯桃小学、张家下庄小学	高圣信	20元
浮山后小学	大埠东小学、吴家村小学	李振邦	20元
上王埠小学	下王埠小学、黑涧小学	邱甲凤	20元
沟崖小学	上流小学、鸿园小学、现化菴小学	江存孝	25元
河西小学	韩哥庄小学、双山小学、阎家山小学	修方端	25元
朱家洼小学	午山小学、石老人小学、山东头小学	孙玉秀	25元
浮山所小学	湛山小学、大麦岛小学、辛家村小学	王立珂	25元
于哥庄小学	段家埠小学、姜哥庄小学、董家埠小学	田秉义	25元
登窑小学	大河东小学	张仁俊	15元
乌衣巷小学	孙家村小学、灰牛石小学	张文忠	20元
周哥庄小学	上葛场小学、埠落小学	董鸿胜	20元
九水小学	北龙口小学、北九水小学	江志桂	20元
杨家村小学	华阴小学、色峪小学	张培岳	20元
夏庄小学	黄埠小学、赵哥庄小学	张金荣	20元
昆灵巷小学	沙沟小学、曹村小学、郝家营小学	高凤翔	25元
惜福镇小学	金沟小学、松树庄小学	萧鸿义	20元
法海寺小学	丹山小学、西小水小学	钟寿山	20元
宋哥庄小学	女姑小学、仙家寨小学、双埠小学	孙步青	25元
枣园小学	南渠小学、板桥坊小学	孙秉连	20元
沧口小学		齐奇海	15元

① 青岛市教育局推广学校国术训练暂行办法［J］. 青岛教育，1936，4（5）：13.

② 青岛市教育局训令［J］. 青岛教育，1936，4（5）：12.

③ 青岛市档案馆馆藏档案，档案号：B0027–006–00236–0041.

（续表）

主聘学校	兼任学校	教员姓名	每月待遇
四方小学	大水清沟小学、小庄村小学	滕秉阳	20 元
王哥庄小学	梁家村小学、晓旺小学、港东小学	段永章	25 元
薛家岛小学	南岛小学、辛岛小学、濠北头小学	贺天鹏	25 元
北庄小学	南庄小学、南屯小学	万可德	20 元
后韩家小学	萧家小学、阳村小学	赵殿英	20 元
宿流小学	西大洋小学、邵哥庄小学	陈学德	20 元

教育局重新分配委任 28 人，担任主聘 28 所小学，兼聘 63 所小学，总计 91 所小学国术教员。每月教师待遇按兼课学校多少，少者 15 元，多者 25 元，大多为 20 元。教育局每月支薪 600 元[①]。

为实行新编中小学国术教材，统一教学方法，10 月 8 日，教育局拟就《青岛市教育局举办学校国术教员秋假训练班办法》[②]，会同国术馆办理秋假国术教员训练班。

10 月 9 日，教育局训令各校国术教员一律参加受训。时间为 10 月 12 日至 24 日，课程分为学科、术科，每周 36 小时术科，6 小时学科[③]。除国术课程外，聘请名人作学术演讲，以资深造。学科演讲时间，每日下午 4 时至 4 时 50 分。11 月 12 日向禹九，13 日胡家凤秘书长，14 日雷法章局长，15 日、16 日董沐曾专员，17 日张醒寰督学，19 日袁道冲委员长，20 日宋君复教授，21 日吴其瑞（教育局二科）科长，22—24 日宋玉泉[④]。术科由国术馆教职员韩冠洲、李义三（传忠）、杨庆先、秘道生、张孝才、高作霖、杨明斋等负责教练拳术、刀术、剑术、对拳、对刀、

① 青岛市档案馆馆藏档案，档案号：B0027-006-00236-0041.

② 青岛市教育局举办学校国术教员秋假训练班办法［J］. 青岛教育，1936，4（6）：10-11.

③ 青岛市档案馆馆藏档案，档案号：B0027-004-00081-001.

④ 国术馆成立秋假国术教员训练班［N］. 青岛时报，1936-10-14（6）.

对枪、刀对枪、摔角式、对摔[①]。秘道生因故请假[②]。

经两周集中训练，24 日上午，于国术馆举行毕业典礼。雷法章局长、向宗鼎及国术馆职员参加。向宗鼎致辞，叙述训练过程，勉励受训教员努力尽职，继由雷局长训话，讲解教育局主办国术教员训练班意义与目的，恳切示训，勉励教员遵守国术道德。受训教员有萧鸿义、田秉义、栾秀云、张文种、齐秀兰、张兰臣、修方瑞、李文升、朱德卿、万可德、钟寿山、孙玉秀、滕秉阳、刘英华、孙秉刚、孙秉连、万仲闵、孙步青、张仁俊、韩嘉禄、陈学德、张培岳、刘希维、高圣信、张文忠、王立珂、赵殿英、齐奇海、高仲武、孙玉君、谭祖秀、常秉毅、高云升、贺天鹏、邱甲凤、李振邦、林锦亭、田效先、徐其达、段永章、江志桂、王永彰、江存孝、隋习生、李世基、王汇东[③]。

10 月 17 日，教育局转发国术馆制订之中小学国术课程表，训令市立私立各中小学校，遵照执行[④]。（图 2-14）

1935 年 5 月 8 日，市府核准《青岛市中等学校学生体育毕业会考暂行办法》。规定中学及师范学校体育毕业会考项目，田赛类男女生各选一项，径赛类男女生

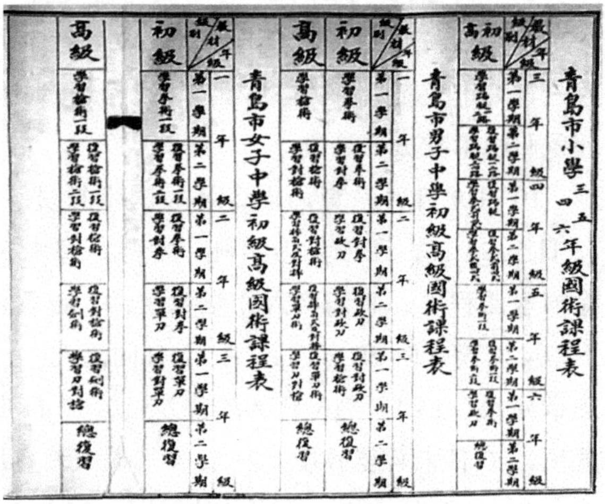
青島市小學三四五六年級國術課程表

青島市男子中學初級高級國術課程表

青島市女子中學初級高級國術課程表

初級 高級

图 2-14　青岛国术馆制订之中小学国术课程表

（采自青岛市档案馆馆藏档案）

① 国术馆教员训练班［N］. 青岛民报，1936-10-19（6）.

② 青岛市档案馆馆藏档案，档案号：B0027-004-00081-001.

③ 国教训练班昨日举行毕业礼［N］. 青岛民报，1936-10-26（6）.

④ 青岛市教育局训令［J］. 青岛教育，1936，4（6）：4-5.

各选一项，球类、国术男女生任选一项[①]。将国术在内的体育科目举行毕业会考，于全国系属创举。20 日，教育局举行首次青岛市中等学校体育毕业会考。国术组由向宗鼎担任组长，聘请国术馆高作霖、杨明斋、高云峰、杨庆先、韩冠洲等担任评判员[②]。国术评判标准分列姿势、动作、功力、精神四项，每项 25 分。无论拳术器械，任选一项练习娴熟，不懈怠、无差错者，即为及格[③]。（表 2–6）

表 2–6　中学学生参加国术会考人数统计表[④]

学　校	与考学生		国术考试	
级　别	初中	高中	初中	高中
文德女中	28	18	1	
圣功女中	33	15		
市立女中	38	24		
市立中学	65	36	45	
礼贤中学	85	12	1	
铁路中学	70	37	2	3
李村中学	33	21	18	5
崇德中学	28		20	
共　　计	380	163	86	9
高初中总计	543		95	

1936 年，青岛市中等学校体育毕业会考，6 月 6 日在汇泉体育场进行。男子中学市中、礼贤、铁中、李中、崇德五校，共 530 人；女子中学市立女中、文德女中、圣功女中三校，共 180 余人。上午 10 时至 12

① 青岛市市政法规汇编·教育［M］. 青岛市政府，1936：134.
② 体育会考委员会会议记录［J］. 青岛教育，1935，3（2）：429–432.
③ 体育毕业会考国术评判标准［J］. 青岛教育，1935，3（2、3）：7.
④ 据《青岛教育》1935 年第 3 卷第 2、3 期第 1–29 页整理。

时，男子初中单拳43人，摔角式26人；下午3时至5时半，男子高中单拳20人，摔角式1人。国术评判长向禹九，评判员高云峰、高作霖、韩冠洲、杨明斋、杨庆先、孙玉秀①。（表2-7、表2-8）

表2-7　男子中学学生参加球类或国术会考项目人数统计表②

项目	篮球		排球		足球		摔角式		单拳 徒手拳		合计	
级别	初中	高中	初中	高中	初中	高中	初中	高中	初中	高中	初中	高中
市中	50	23	13	5	12	7			3		78	35
礼贤	19	7	47	1	10	9					76	17
铁中	63	37	7	19	9	3			1	1	80	60
李中	33	12	13	3			26	1	38	19	110	35
崇德	14		19		5				1		39	
共计	179	79	99	28	36	19	26	1	43	20	383	147
高初中总计	258		127		55		27		63		530	

表2-8　女子中学学生参加球类或国术会考项目人数统计表③

项目	篮球		排球		国术		合计	
级别	初中	高中	初中	高中	初中	高中	初中	高中
市立女中	10	35	21	34			31	69
文德女中	17	29	47	2			64	31
圣功女中	6	9	5	14			11	23
共计	106		76				229	

统计数据基本反映出各级各类学校开展国术教育的大致状况。1935年，男生练习国术的人数比例，初中（33%）优于高中（7.5%），女子中

① 青市中等学校体育毕业会考［N］. 青岛民报，1936-6-5（6）.

② 据《青岛教育》1936年第4卷第2、3期第3页整理。

③ 据《青岛教育》1936年第4卷第2、3期第5页整理。

学明显滞后。1936 年，高中学习国术人数比例（14%）有所提升，女子中学国术教学未有改观。

青岛市创办中等学校体育毕业会考已历两载。教育局照章办理，1937 年中等学校体育毕业会考，6 月 5 日于汇泉体育场举行[①]。

七、推广社会国术

至 1932 年底，青岛国术馆尚处于基础性工作阶段。在民众普遍对体育缺乏认识，更不识国术为何物的历史背景下，宣传教育，以开启民智尤为重要。

1930 年 3 月 1 日，国术馆编印《青岛特别市国术月刊》，后改为《国术月刊》。有限于办公经费和稿件数量，该刊仅出版数期。1931 年 6 月，青岛市第一届国术市考，国术馆编印《青岛市国术游艺比试大会特刊》，其中《告民众书》：扩大国术宣传，唤起全市民众对于国术有深刻的认识，有研究的兴趣，有爱好的精神，有锻炼的毅力，使全市民众，人人康健。号召市民练习国术，自卫卫国。"用国术的刀剑，去斩断一切不平等条约；用国术的拳脚去打倒一切帝国主义；用国术的意旨和精神，去扫除各种反动势力和外来的侮辱"[②③]。是以唤起民族意识，救亡图存，强国强种。

1932 年，青岛国术馆计划，参照财政局刊印《财政年刊》，教育局刊印《青岛教育》格式，编纂一种刊物，完全刊载国术内容，并将国术馆历来工作概况及往来文件，一并附入[④]。

---

① 本市中等学校体育毕业会考［N］. 青岛民报，1937-6-3（6）.

② 青岛市档案馆馆藏档案，档案号：B0038-001-00591-0033.

③《青岛特别市国术馆月刊》有"用国术的刀剑，斩断不平等条约的束缚；用国术的枪棍，打倒帝国主义侵略"一语。

④ 青岛国术馆发展国术计划［N］. 东海日报，1932-5-17（6）.

5 月，国术馆函请民众教育馆转饬讲演部，将国术编作讲演资料，广为宣传，以期唤起民众注意。民众教育馆接函后，饬属遵办[①]。

国术刊物素乏材料，宣传工作进展迟缓，社会民众知者寥寥。国术馆向各界征求各种论著，以期按期发刊[②]。至 1932 年底，此项工作未有明显改观。

国术馆主要负责人向禹九，深刻意识到宣传工作的重要性，亲笔撰写大量文稿，刊发于《体育周刊》。如《国术的意义》[③]《国术在国民体育中之需要及优异》[④]《国术竞赛之商榷》[⑤]《所希望于本市国术教员者》[⑥]，以文武之道教化社会。

推广社会国术伴随宣传教育，需因势利导，循循善诱。国术馆采取引导与扶助相结合的方法逐步推进。经过不懈努力，青岛市国术普及程度逐年提高，成效渐为显现。

1931 年，永裕盐公司成立国术团，聘请杨明斋指导教练。1934 年春运会，博得国术界人士赞赏。1935 年，第三届国术市考，张功菱、王敬信、刘慎思、陈玉珍、王宝松、刘文炳 6 人，报名参加拳术、长兵、短兵比赛。6 月 2 日预试，6 人全部入围正试。6 月 15 日至 16 日正试，刘慎思战胜国术馆学员，夺得拳术（散打）第一名[⑦]。

1931 年 4 月，经与农林事务所商洽，国术馆于第四公园体育场隙地开辟民众国术练习场[⑧]，5 月下旬开办授课[⑨]。国术于工商教育各界渐次

① 国术馆函教育馆请宣传国术利益［N］. 青岛时报，1932-5-20（6）.
② 国术馆体恤摔角练习班［N］. 青岛民报，1933-1-8（6）.
③ 国术的意义［J］. 体育周刊，1933（1）：3-4.
④ 国术在国民体育中之需要及优异［J］. 体育周刊，1934（3）：4-6.
⑤ 国术竞赛之商榷［J］. 体育周刊，1934（7）：1-2.
⑥ 所希望于本市国术教员者［J］. 体育周刊，1934（9、10）：3-5.
⑦ 体育消息［J］. 海王，1935，7（31）：568-569.
⑧ 青岛市档案馆馆藏档案，档案号：B0032-001-00584-0170.
⑨ 青岛市档案馆馆藏档案，档案号：B0032-001-00584-0172.

推进，略见成效，而各机关公务人员练习国术者为数甚少。4月8日，国术馆函请市府分令各机关职员于公余之暇，指定时间地点，集合相当人数，国术馆派员前往义务教练，或寓址较近，亦可单独来馆练习。市府即分令各属机关查照，并迳向国术馆接洽办理①。1932年5月，国术馆再函市府，敦促各机关职员，于公务之暇兼习国术②。10月下旬，市府保卫团总部培训乙种保卫团，函请国术馆选派技术精良教员二人前往教授国术。国术馆当即选定杨明斋、纪雨人担任③。

1932年，商界练习国术者亦不多见。5月中旬，国术馆致函商会，敦促商会分饬各商店员，一律向该店附近练习所练习国术④。6月中旬，国术馆致函教育局，就东镇、西镇两小学内附设简易体育场，添加民众国术练习班。教育局当即筹办，报名者异常踊跃。国术馆选派田瑞五、杨庆先前往指导⑤。

11月，公安局特务队每日上午10时，加添国术及大刀劈击训练课，聘请专人担任教练，以增加警员战斗能力。1933年1月11日上午，余晋龢局长于公安局大操场检阅。特务队长崇际盛、分队长刘复华等，率队表演大刀劈击及国术。练习纯熟，姿势亦佳，成绩良好。余局长颇为赞赏⑥，遂饬主管科参酌新旧操法，编定《砍刀术操法》课本，颁发所属，参酌教练⑦。此项操法共20个动作，简便易行。余晋龢认为，娴熟掌握军刀术技能，能够锻炼膂力，增进自信与勇气。公安人员素谙使用者固不乏人，而未经练习者亦复不少。公安局遂组织军刀术传习班，委任第一科警务股主任王子甄为管理主任，聘请尹玉章为教员。4月25日开始，

① 青岛市档案馆馆藏档案，档案号：B0032-001-00584-0001.

② 国术馆函请市府令各机关职员练习国术［N］. 青岛时报，1932-5-25（6）.

③ 国术馆派员教授保卫团［N］. 青岛时报，1932-10-25（6）.

④ 青岛市档案馆馆藏档案，档案号：B0038-001-00620-0035.

⑤ 东西两镇简易体育场添加国术［N］. 青岛民报，1932-6-15（6）.

⑥ 公安局特务队演大刀劈击［N］. 青岛民报，1933-1-12（6）.

⑦ 公安局编发砍刀术课本［N］. 青岛民报，1933-3-11（6）.

训练两个月，每周二、三、四、五教练四次，每次上午9时至10时半授课。各分局及特务队、侦缉队、交通队、消防组，各派两人学习①。

青岛海军增添国术，尤重大刀训练，系受淞沪御敌、喜峰口却敌启发。国术虽为辅助性训练科目，但对提高官兵体能、提振军旅士气、培养战斗意识和献身精神大有助益。

1933年青岛市春运会，海军教导队团体大刀表演，测量队参加国术比赛取得优异成绩，令人刮目。第十七届华北运动会，海军教导队团体大刀表演，杀声震天，刀光四射，会场顿觉严肃。观众于杀声中感受到民族前途，彩声四起②。

1935年3月，青岛海军学校添设摔角一科，函请国术馆派员教授。国术馆选派李传忠前往任教③。1937年2月，海军第三舰队陆战队及教导队，施行新式教练，全体官兵参与国术演习。各队加紧训练，枕戈待旦④。

1933年12月，自治第三区公务人员报名练习太极拳，国术馆派定韩冠英担任指导，每星期一、三、五晚7时至8时半授课。其他机关公务员前往参加练习者渐多⑤。

1934年，港务局设立国术训练班，分为新武术、小砍刀、摔角、拳脚、棍棒五班，码头工人于工作之暇前往练习⑥。

1933年2月，青岛市立民众教育馆筹备成立国术训练班⑦。康乐部拟具计划，呈请教育局审核⑧。3月8日，李又晟主任赴国术馆接洽成立国术训练班事宜⑨。民众教育馆附设国术训练班，以社会力量普及国术，国

---

① 公安局成立军刀传习班［N］. 青岛时报，1933-4-24（3）.
② 华北运动大会第二日［N］. 青岛时报，1933-7-14（10）.
③ 海校添设摔角科［N］. 青岛时报，1935-3-20（6）.
④ 海军教导队添授国术［N］. 济南日报，1937-2-26（4）.
⑤ 国术馆定期举行第二期摔角班毕业典礼［N］. 青岛民报，1933-12-21（6）.
⑥ 本局二十三年度行政事项［J］. 青岛市港务局行政年刊，1935：37.
⑦ 本馆工作报告［J］. 青岛民众，1933（1）：8.
⑧ 民国二十二年本馆馆务会议纪要［J］. 青岛民众季刊，1934（1）：8.
⑨ 民国二十二年本馆大事记［J］. 青岛民众季刊，1934（1）：25.

术馆鼎力支持，经研究决定选派教务长，61 岁的高凤岭兼任教员[①]。

3 月 11 日，教育局核准民众教育馆设立露天国术训练班[②]。5 月，康乐部制订《青岛市市立民众教育馆国术训练班简章》《国术训练班学员遵守规则》[③]，绘制广告 30 张[④]，向社会公示，市民积极响应。该班计划招收学员 40 名。因无专设场址，暂定夏季于网球场，冬季于礼堂。每周一、三、五下午 6 时至 7 时半上课。课程分四期，每期三个月[⑤]。第一期教授潭腿、柔腿、飞腿、金刚拳，霸王拳、八级（极）拳，各拳对打，太乙拳、猴拳；第二期教授盘龙棍、梢子棍、三节棍，太乙枪、十三枪、罗家枪，七（戚）门十三剑、青平（萍）剑；第三期教授六合刀、太乙刀、夜战武侯单刀、八卦双刀、三义刀、行钩；第四期教授枪对枪、刀对刀、大刀对枪、单刀对枪、双刀对枪、三节棍对枪、梢棍对枪、钩对枪。5 月 20 日，国术训练班举行开班典礼。随后搭盖练习场席棚[⑥]，以为户外国术训练创造有利条件。6 月中旬，总务部会同国术教师购置需用器械[⑦]。

民众教育馆国术训练班教学卓有成效。1933 年国庆节及 1934 年元旦，民众教育馆康乐部组织游艺会，国术班表演项目有金刚拳、八季（极）拳、小虎燕（呼延）拳、埋伏拳、对打拳，五湖刀、六合刀、棍术、空手（夺）枪、对棍等[⑧]。

1934 年，国术馆订立《青岛市国术馆国术练习班简则》[⑨]。为保持政令统一，民众教育馆遂将《青岛市市立民众教育馆国术训练班简章》废止[⑩]。

---

① 本馆职员一览表［J］. 青岛民众季刊，1934（1）：37.

② 民国二十二年本馆大事记［J］. 青岛民众季刊，1934（1）：25.

③ 国术训练班学员遵守规则［J］. 青岛民众季刊，1934（1）：53–55.

④ 本馆工作报告［J］. 青岛民众，1933（4、5）：10.

⑤ 国术训练班［J］. 青岛民众季刊，1934（1）：52–53.

⑥ 本馆工作报告［J］. 青岛民众，1933（4、5）：10–11.

⑦ 民国二十二年本馆馆务会议纪要［J］. 青岛民众季刊，1934（1）：14.

⑧ 民众同乐大会节目［J］. 青岛民众季刊，1934（1）：65.

⑨ 青岛市市政法规汇编［M］. 青岛市政府，1936：119.

⑩ 青岛市市政法规汇编·教育［M］. 青岛市政府，1936：8.

1933年2月，青岛市体育协进会组织国术练习班，与国术馆切实合作，以谋新旧体育之沟通[①]。

1934年3月上旬，青岛市青年会聘请教师，附设国术班，一切费用悉由青年会筹拨，投考者须为本会会员[②]。1935年9月下旬，青年会再度组织开设国术班，授课时间为每星期一、三、五、七共4天的晚7时至8时半[③]。10月上旬，报名者已逾10人，即开班授课，由国术馆职员祝正森担任教授，学员每人每月缴费1元[④]。

青岛市俱乐部国术组练习场所，原借沂水路7号。因该处已租出，于1935年11月迁往他处[⑤]。

1935年6月，沧口民众教育馆开设国术班，聘妥齐奇海担任国术教师。函达各机关，张贴招生广告，公开招收学员。规定学额40名，学员年龄15岁至50岁，不分性别，不论已学未学，男女兼收，分班授课，修业暂定一年，不收费用。练习时间除星期一外，每日下午6时半至8时。毕业考试及格者，由教育馆呈请国术馆发给毕业证书。11日至20日报名，20日开班。各界前往报名者踊跃[⑥]。

21日，该班举行开学典礼，男女学生140余人。该馆馆长、主任先后致辞，国术馆教师齐奇海演讲，精辟论述如何认识及学习国术，随后练习少许时间。报名者大部分为工人，少数学生和部分女子。由于学员人数远超计划学额数倍，遂分为早班、晚班、儿童班和女子班四班。规定早班7时至8时，晚班7时至8时为练习时间。早班、晚班、儿童班由齐奇海担任教练，女子班教员另觅适当人选[⑦]。

---

① 青岛市体育协进会会务概况［J］. 山东体育史料，1986（7）：12-13.

② 本市青年会附设国术班［N］. 青岛民报，1934-3-5（6）.

③ 青年会组织国术班［N］. 青岛时报，1935-9-25（6）.

④ 青年会成立国术班［N］. 青岛时报，1935-10-18（6）.

⑤ 俱乐部国术组将迁练习地点［N］. 青岛时报，1935-11-19（6）.

⑥ 沧口教育馆聘国术教师成立国术班［N］. 青岛时报，1935-6-13（6）.

⑦ 沧口教育馆国术班昨举行开学礼［N］. 青岛时报，1935-6-22（3）.

1935 年，各机关团体纷纷向国术馆聘用国术教员。4 月，国术馆将本市国术人员以往参加国考、市考、全运会、华北运动会，本市春运会、冬季竞赛会成绩优异、名列前茅者，汇印《国术人员录用登记表》，呈请市长核阅批示[①]。名列韩冠英、孙玉秀、祝正森、孙秉刚、田鸿业、杨庆先、徐汉臣、滕文焗、郑绍先、郝鸿勋、王永彬、王兆礼、江志桂、刘希维、李振邦、孙步青、刘汉洪、段永章、陈学德、高计德、胡凤奎、王春臣、王锡海、王立珂、钟寿山、毛宗浩、高芳先、王立琦、吴孝才、尤起森、周作桢、余存溪、谭祖秀、杨为博、孙玉君、孙克宋、马金海、常秉毅、黄树堂、杨明斋、刘英华、李俊鸣、张孝才、萧鸿义、田鸿义、栾秀云、纪炎昌、姜爱兰、王岐山、冯春暖、于法柏、丁锡禄、王木桢、杜伟岚、孙德先 55 人，年龄、籍贯、出身、职业及以往成绩，分发社会各界，以供遇机延用[②]。

7 月，国术馆与各乡区办事处会商《国术馆协同建设办事处推行国术办法大纲》，各乡办事处皆函国术馆聘请国术教员。阴岛办事处函请国术馆添派国术教员一人到区服务，国术馆选派第三届国术市考第四名武士赵殿英前往担任教授[③]。

1937 年 4 月上旬，阴岛乡区建设办事处所属宿流庄社教中心区，于青云宫民众体育场举行国术比赛。宿流、东大洋、邵哥庄等村民 65 人参赛。阴岛办事处、宿流小学及宿流、东大洋村长等，各备奖品发给比赛优胜者，以资鼓励。开会如仪，由宿流小学校长李金声报告开会宗旨，阴岛乡区建设办事处教育股员姚宝森致辞。国术教员陈忠义指导村民表演拳术及各种器械 30 多项。姚宝森、李金声及保安队班长王子明担任评判员，核定成绩，颁发奖品[④]。

① 国术馆印制国术人员录用登记表［N］. 青岛民报，1935-4-5（6）.

② 山东省档案馆馆藏档案，档案号：J110-01-0545-014.

③ 各乡办事处提倡国术［N］. 青岛时报，1935-7-25（6）.

④ 阴岛区举行国术比赛会［N］. 青岛民报，1937-4-9（6）.

国术馆推广社会国术履职尽责，同时承担社会义务，助人为乐。1932 年 5 月，社会局举办救济上海战区难民游艺会，国术馆派员参加表演[①]。10 月 29 日，为救济东北及豫鄂皖难民，社会局成立急赈会，组织游艺会筹募赈款。11 月 2 日至 6 日五天，于中山路第四公园举行游艺大会，国术馆教师应约每日下午 3 时至 6 时莅场表演[②]。11 月 5 日，急赈会函知国术馆，胶东灾区及本市救济院亦有筹赈必要，冬赈另行劝募实有为难之处。急赈会决议延长游艺会，于 7 日、8 日再举办两天[③]。国术馆教师有求必应，见义勇为，颂为一段佳话。

八、倡导女子国术

1931 年，九·一八事变后，国人奋发图强。各地对于强国强种之国术训练，愈趋积极。沈鸿烈继任青岛市长后，倡导国术较其他省市更为努力。

1933 年 12 月，向禹九于《体育周刊》发表“劝女同胞宜练习国术”一文，言及我国女子入学者不足十分之一二，而一校之中习体育者，又仅十之一二。教育当局非不盛倡女子体育，而实际数量相形见绌。青岛市学校女子体育，近年颇有风起云涌之势，所习项目大抵偏于田径球类，练习国术者仍属凤毛麟角。以此观察首都男女学生团体太极拳表演，动逾千人，相差奚啻什伯。校外女子不知体育为何物，更不知国术之重要。青岛市习练国术者，军警工商学界不下万人，而女子则不过百人。向禹九由此劝导，考之古代，梁夫人、花木兰、秦良玉之流，光耀简册，传诵至今，良自有故。愿我诸姑姊妹，奋然而起[④]。（图 2-15、图 2-16）

① 社会局函谢国术馆［N］. 青岛时报，1932-5-21（6）.

② 青岛市档案馆馆藏档案，档案号：B0038-001-00704-0029.

③ 青岛市档案馆馆藏档案，档案号：B0038-001-00631-0106.

④ 向禹九. 劝女同胞宜练习国术［J］. 体育周刊，1933（2）：2.

图 2–15　郑金娜舞刀英姿
（采自《北洋画报》1929 年 5 月 25 日第 2 版）

图 2–16　青岛女学生练习国术
（采自《图画时报》1929 年第 559 期）

国术馆长沈鸿烈、副馆长胡家凤，为提倡女子体育，主张组设女子国术练习班。1933 年 8 月下旬，国术馆发布公告：强种之道，体育为先。而普及之方，国术是赖。诚以文武固须兼资，男女尤宜均等。盖因以往练习国术，大都偏重男子，对于女子体育，尚无相当设施。顾此失彼，未免欠周。况女子为国民之母，其身体是否健康，关系种族强弱，至为重大。若不亟图补救，势成畸形发展，甚非所宜。国术馆有鉴及此，特组织女子练习班，名额暂以 40 名为限，学费免收，年龄在 10 岁以上，25 岁以下，身体健全者为合格。8 月 25 日至 9 月 15 日报名。凡我女界同仁，如有志练习国术者，务速来馆报名。教授时间另行规定①。

截至报名日期，报名者 20 余人，9 月 16 日（星期六）晚 7 时在国术馆礼堂举行开学典礼②。参加者为国术馆全体职员学生，主席向禹九，司仪韩冠洲，记录臧翔枢，馆长、副馆长因事未能出席，故派代表与会。向禹九致辞：本馆自成立以来，对于国术努力提倡，然所推广的都是男子一方面，对于女子方面，尚付缺如。本馆深抱歉忱。现今男女平等，男子练

① 本市国术馆成立女子国术练习班［N］. 青岛时报，1933–8–27（6）.
② 国术馆女练习班定今晚开学［N］. 青岛时报，1933–9–16（6）.

习国术可以杀敌御侮，女子练习国术可为社会服务，所以女子国术应当积极提倡。今年（1933年）第十七届华北运动会在本市召开之际，其他省市尚有女子国术选手，本市女界未曾参加，相形见绌，殊感缺憾。所以，本馆要补此缺陷，设立女子练习班，以资提倡。国术为体育之一，然一般人对于国术不甚重视，这是乏人提倡的缘故，殊不知国术为我国国粹，有强种救国之功，且较其他运动简便又经济，自应尽力推广。今本班成立，各位踊跃参加，实深钦佩，将来各位为女界国术先进，为良好的师资，定可预期。深望各位既欲练习就要勤学，不可间断；虚心受教，须听教员指导。本馆派定尹（玉章）郑（兰芬）二君担任教授，尹君教授八卦掌，郑君教授太极拳，皆为柔和拳术，女子练习最为适宜。希望各位努力进步。

继由崔韶麟秘书演讲：国术从前都是家传，所以不能普及。现在极力推广，成立练习班公开教授，将来愈研愈精，这是国术最好的现象。希望各位努力用功，成为女子国术的先觉，方不负本馆期望。

主任教员郑兰芬致辞：今天女子练习班成立，也就是你们练习国术的纪念日。国术是我们固有的国粹，中央成立国术馆以来，各县成立国术团体很多，但女子练习的很少。我们馆长同秘书，在青岛市成立女子练习班是你们来学习的好机会，得风气之先。但是这国术种类很复杂，非一朝一夕所能成功。我希望大家学要有恒，要受苦，努力做去，才不负提倡国术的盛意[①]。

对于女子练习班，国术馆非常注意，制备出席证，颁发各生随身携带，由训育员注明到馆离馆时间，加盖公章。例行考勤，由家长查对[②]。1934年3月，女子练习班24人，每日下午2时30分至8时之间授课，由臧醒吾、郑兰芬教授太极拳、六合刀，学员成绩颇有进步[③]。

1934年，青岛国术馆女子练习班初级部30余人，中级部10余人。

---

① 国术馆女子练习班举行开学典礼之盛况［N］. 青岛时报，1933-9-18（6）.

② 国术馆颁发女生证［N］. 青岛时报，1933-10-29（6）.

③ 国术馆招考三期摔角班［N］. 青岛时报，1934-3-31（6）.

1937 年，共有 50 余人[①]。赴馆受业女子学无恒心，实为普遍。此种不良现象，学员家长应负主要责任。国术馆负责人认为，提倡女子国术宜效法小学恳亲会，对学员家长进行劝导[②]。青岛国术已具相当规模，成绩显著，而女子国术仍然滞后。

1934 年 10 月，栾秀云参加第十八届华北运动会国术表演，取得优胜锦标。青岛市女同胞求学者日众。11 月，文德女子中学校长高梓，为提倡女子国术，拟在禹城路新 3 号成立女子国术传习所，聘请栾秀云女士为教员。经呈请国术馆查核备案，招生 28 名[③]。由此成立之第一女子国术练习所，设址于平原路[④]。栾秀云就读圣功女子高中二年级，课余传授国术[⑤]。女子国术练习所开办之初，陆续招收学员四五十人，嗣后时有增加。虽照章按月收取学费，但学员均属贫寒家庭子女，无力担负。有家庭经济宽裕者，学员家长却态度冷淡，不愿增加额外付出。实际收取学费甚微，而国术馆津贴每季至多不过 20 元。至 1935 年冬，第一女子国术练习所终因经费无法筹借，暂行停办。栾秀云家无恒产，不得不在社会服务，以维生计。1937 年 10 月间，曾有学员询及女子国术练习所何时开学，栾秀云苦无余暇与女同胞共同演习国术[⑥]。（图 2–17、图 2–18）

图 2–17　栾秀云指导尚德学校小学生参加儿童节国术表演
（采自《北洋画报》1935 年 4 月 9 日第 2 版）

图 2–18　青岛儿童节纪念会尚德小学女生国术表演
（采自《青岛画报》1935 年第 13 期）

①②⑥ 栾秀云. 女子国术在青岛［J］. 青岛画报，1937（26）：4–6.
③ 高梓在青岛组织女国术传习所［N］. 山东民国日报，1934–11–18（5）.
④ 赵君豪. 青岛导游［M］. 1935：97.
⑤ 青岛国术女选手之婚姻问题［J］. 图画时报，1935（1041）：27.

1935 年 5 月上旬，张桂春于西康路 14 号成立女子国术研究社，招有社员 20 余人。经呈请国术馆核准立案，开始招生。数日间，报名者 140 余人。张桂春幼年好武，研习国术已逾十载①。

同月，经呈请国术馆备案，姜爱兰于无棣路 7 号成立第二女子国术练习所。姜爱兰自任所长，招收学生 18 人，开始上课②。亦因经费无法筹划，旋即停止③。

齐秀兰于第三届国术市考获得冠军，又将参加南京第六届全运会，为壮行色，鼓励其奋勉精神，沧口各界赠送“巾帼干城”匾额一架。9 月 8 日，派人送至齐宅，军乐队护送。一时鼓乐喧天，钟鼓齐鸣。沧口大马路围观者人山人海，热闹异常④。1936 年 2 月，齐秀兰于沧口保和路 33 号成立练习所一处。自 2 月中旬招生，年龄 8 至 25 岁，名额 50 人，学费每月 5 角。3 月 11 日正式开学⑤。

青岛国术女杰栾秀云、姜爱兰、石秀兰、齐秀兰等，人们耳熟能详，而栾秀云可谓其中之佼佼者。1934 年 7 月 13 日至 8 月 12 日，作家郁达夫应友人邀请，于青岛避暑一月。期间，曾观赏栾秀云剑术表演，因作诗（《青岛杂事》诗中第四首，原载于同年 9 月 5 日《人间世》第 11 期）云：“堂堂国士盈朝野，不及栾家一女郎。舞到剑飞人隐处，月明满地滚青霜。”7 月 23 日作者日记：“栾小姐貌很美，身体亦强健，在青岛接见的女士之中，当以她为最姣艳温柔。”⑥

栾秀云文武兼修，曾于《国术周刊》《体育周刊》《青岛画报》等期刊发表多篇文章，引人注目。如“训练民众最好的方法是国术”（《体

① 张桂春女士提倡国术［N］. 青岛时报，1935-5-6（6）.

② 姜爱兰成立国术所［N］. 青岛时报，1935-6-1（6）.

③ 栾秀云. 女子国术在青岛［J］. 青岛画报，1937（26）：4-6.

④ 国术女杰齐秀兰之光荣［N］. 青岛时报，1935-9-9（6）.

⑤ 齐秀兰在沧口成立女子国术练习所［N］. 青岛时报，1936-2-13（6）.

⑥ 詹亚园. 郁达夫诗词笺注［M］. 上海：上海古籍出版社，2013：372.

育周刊》1933年第4期第9页）、“提倡女子国术”（《国术周刊》1935年第8–10期第5页）、“女子国术在青岛”（《青岛画报》1937年第26期第4–6页）等。

九、友好往来与交流

至1935年，山东国术馆和青岛国术馆，作为省内两大国术团体的发展，均已颇具规模。1929年以来，两馆曾组队联袂参加杭州浙江国术游艺大会，第二届国术国考，第五届全国运动会国术表演比赛，第十六、十七、十八届华北运动会，有过密切接触与交往。双方结下深厚友谊，共谋合作愿景。

1933年4月下旬，青岛国术馆接到山东国术馆来函，5月14日，于省立民众体育场举行第一次国术考试。本地国术界人员例应回避，特聘青岛市国术精深而对于评判富有经验者担任评判。青岛国术馆25日函复，派教务科长高凤岭前往担任评判①。5月，青岛派出李瑞卿等14人记者团，11日晨7时，乘列车赴济南参观②。山东省府及济南新闻界准备招待，以尽地主之谊③。5月13日，向禹九代表沈鸿烈馆长赴济参观山东国术省考④。19日答谢晚宴上，与众来宾一道，高云峰（凤岭）与弟子秘道存表演了精彩的“醉拳对猴拳”⑤。

1934年4月，山东第二届国术省考，高云峰再次应邀担任大会评判员。20日上午，外聘担任评判员之国术名家依次表演，高云峰登台表演了拿手技艺“太乙醉拳”⑥。

---

① 山东举行国术考试函本市国术馆聘请评判［N］. 青岛时报，1933–4–26（6）.
② 青记者团赴济参观国术考试［N］. 申报，1933–5–12（6）.
③ 本市记者团赴济参观国术考试［N］. 青岛时报，1933–5–12（6）.
④ 向禹九赴济参加国术考试［N］. 青岛民报，1933–5–14（6）.
⑤ 韩复榘欢宴应试员［N］. 天津益世报，1933–5–21（4）.
⑥ 第二届国术考试昨闭幕［N］. 山东民国日报，1934–4–21（5）.

1935 年 3 月，山东第三届国术省考筹委会，函聘沈市长为大会名誉委员长，邀请青岛国术人员届时赴济南参加表演，以壮声色[①]。3 月 27 日，青岛市府函达国术馆查照办理[②]。

国术馆连日遴选人员，决定选派女选手栾秀云、姜爱兰，男选手由国术馆职员，练习所、学校国术教员中选拔。7 日晚开会讨论[③]，决定选派 22 人，由向宇（禹）九、高云峰（凤岭）领队，队员韩冠英、刁鸿法、高作霖、马德、刘英华、郝清桂、常秉毅、朱德卿、杨庆先、纪炎昌、萧鸿义、孙玉君、杨明斋、田瑞五、田秉义、孙秉刚、万可德、李世基、栾秀云、姜爱兰[④]，应时赴会。市府专拨膳宿费 300 元，予以资助[⑤]。青岛国术表演团成员，携带沈市长赠送大会银盾一具[⑥]，19 日晨乘火车赴济。沈鸿烈于 18 日晚，先行乘车前往[⑦]。

4 月 20 日，山东第三届国术省考于济南千佛山麓省立民众体育场开幕，沈鸿烈于开幕式致辞[⑧]。开幕仪式后举行表演，青岛国术馆孙秉刚表演梅花拳，郝清桂、刁鸿发（法）表演对打燕青拳，高云峰、刘英华表演醉拳对猴拳，杨庆先、常秉毅表演单刀进枪，郝清桂、刁鸿发（法）表演酒酷刀，田瑞五、李世基表演铲进枪，纪炎昌、田秉义表演白手对刀，杨（萧）鸿义、孙秉刚表演单刀进枪，杨庆先、高作霖表演三节棍进枪，田瑞五、杨明斋表演大刀进枪[⑨]。

午后 1 时余，山东省主席韩复榘偕青岛市长沈鸿烈、胶济路局委员

---

① 鲁省国术考试邀本市国术人员参加［N］. 青岛时报，1935-4-2（6）.
② 青岛市政府函［J］. 市政公报，1935（68）：265.
③ 国术选手多人将赴济南［N］. 青岛时报，1935-4-9（6）.
④ 第三届国术省考参加人员姓名册［J］. 山东省政府公报，1935（334）：75.
⑤ 青岛市政府函［J］. 市政公报，1935（69）：297.
⑥ 本市选手将赴济参加鲁省国术表演［N］. 青岛民报，1935-4-18（6）.
⑦ 国术选手定今早西上［N］. 青岛时报，1935-4-19（6）.
⑧ 第三届国术省考特刊［N］. 山东民国日报，1935-4-21（1）.
⑨ 孙锡昆. 鲁第三届国术省考记详［J］. 国术周刊，1935（8、9、10）：17.

长葛光庭等到会参观。继童子组、老龄组，济南德胜南街国术社虎头牌，天津国术名家郭寿臣醉八仙表演之后，青岛表演团续演项目为孙玉君（缺三字），万可德燕青拳，刁洪发地功拳，姜爱兰埋伏拳，李士基飞脚式，韩冠英太极拳，刘英华猴拳，高云峰太乙醉拳，何清桂、刁洪发（法）对打地功拳，孙秉刚、萧鸿义对打落地梅花拳，李士基戚门十三剑，栾秀云六合刀，纪炎昌月牙刀，田瑞五绝户枪，田秉义昆吾剑，何清桂酒醉刀，萧鸿义双刀，栾秀云双刀，韩冠英护手镗①。

25日上午，国术名家表演，高云峰再次登台上演太乙拳，栾秀云表演双钩，赢得观众掌声与喝彩②。上午10时，韩复榘夫人高艺珍、纪甘青，在省府东大楼设宴，招待青岛来济南表演之栾秀云、姜爱兰，及参与省考应试员杨素清等7位女士③。

下午1时，闭幕典礼。韩复榘以青岛国术表演团远道而来，每人赠予银质纪念章一枚，宝剑一柄，烟台绸一匹，丝纹帐一架，借资纪念④。沈鸿烈于济逗留期间，有感于山东第三届国术省考成功举办，其向记者透露，此次山东国术省考成绩甚佳。青岛市拟于6月中旬，举行国术市考，已令国术馆着手筹备⑤。

26日晚，青岛国术表演团成员乘车由济返青⑥，即积极筹备第三届国术市考。沈鸿烈邀聘韩复榘为名誉考试委员长，赴青参观⑦。山东国术馆应邀参加表演，亦为大会添彩。

6月13日晨8时半，韩复榘偕姚以价、张联升两将军，葛锦章、过之纲两顾问抵青，沈鸿烈、葛光庭、李烈钧及各机关长官到站迎接。聊

① 青岛团各逞其能［N］. 华北新闻，1935-4-22（2）.
② 孙锡昆. 鲁第三届国术省考记详［J］. 国术周刊，1935（8、9、10）：25.
③ 第三届国术省考各项比赛均结束［N］. 山东民国日报，1935-4-25（1）.
④ 孙锡昆. 鲁第三届国术省考记详［J］. 国术周刊，1935（8、9、10）：21.
⑤ 青岛将举行国术市考［N］. 天津益世报，1935-4-24（2）.
⑥ 国术选手载誉归来［N］. 青岛时报，1935-4-27（6）.
⑦ 沈鸿烈返青［N］. 申报，1935-4-24（8）.

城国术童子团 5 人由杨金生率领，随韩复榘赴青参演助兴。当晚 6 时，山东国术童子组 30 余人抵达青岛[①]。窦来庚、潘雪峰、田镇峰随团抵青。山东国术馆副馆长窦来庚应邀担任大会总裁判长，潘雪峰、田镇峰担任拳术组评判员[②]。韩复榘应邀致开幕辞[③]。

15 日晨，青岛第三届国术市考开幕。经过一天半比赛，于 16 日上午 11 时半圆满结束。闭幕之前，山东国术馆小英雄，窦来庚及诸位国术专家各演技艺。沈鸿烈闭幕致辞："山东国术馆小将到青岛参加表演，使山东与青岛国术界沟通一气，水乳交融。小英雄们的表演十分精彩，使本市各校小朋友得到鼓励，将来定有长足进步。济南、青岛国术界如此切磋琢磨，将来亦必有很大发展。"韩复榘亦应邀致辞[④]。

窦来庚致辞：山东和青岛国术同仁，经此届考试聚会之后，感情愈为融洽。不但山东国术省考，及青岛国术市考，要双方互相帮忙；此往彼来，完全成为一家；将来如有机会，尚希举行友谊比赛，使山东省与青岛市的国术，互相磋磨，更进一步[⑤]。

16 日晚 6 时 30 分许，韩复榘偕随员，及山东国术馆童子组选手专车返济，李烈钧、沈鸿烈、葛光庭到站相送[⑥]。

17 日，山东国术馆成员于青岛逗留观光一日，晚间于青岛国术馆赴宴后，观摩青岛国术馆晚操。民众参加晚操者 400 余人，分摔角、少林（拳）、太极（拳）、女子等组。各组练习生气勃勃，使人兴奋。

18 日晨，山东国术馆成员返济，青岛国术界人士到站欢送。栾秀云买了几把小雨伞和几把小折扇，分赠给窦来庚和田镇峰的小孩儿。栾秀云与田镇峰一番交谈，也让"栾田论战"稀释淡化。

① 韩复榘抵青岛［N］. 申报，1935-6-14（3）.
② 丕俠. 青岛国术市考观光记［J］. 求是月刊，1935，1（7）：142-143.
③ 韩复榘. 青岛市第三届国术市考名誉委员长致开会辞［J］. 国术周刊，1935（150、151）：4-5.
④ 沈鸿烈. 青岛市第三届国术考试委员长致闭幕辞［J］. 国术周刊，1935（150、151）：5-6.
⑤ 窦峰山. 青岛市第三届国术市考总裁判长致闭幕辞［J］. 国术周刊，1935（150、151）：6.
⑥ 青岛国术市考闭幕［N］. 申报，1935-6-17（12）.

列车徐徐开动，两馆成员挥手示意，互致祝愿，宛如老友惜别[①]。

1932年，第十六届华北运动会，青岛国术馆派员赴河南开封参加国术表演。河南体育设施可谓他山之石，令人称道。1933年，第十七届华北运动会，汴省国术选手来青参加，无论男女老幼，精神充溢，纪律严明。1934年9月上旬，青岛国术馆接到河南国术馆来函，为举办河南第五届国术省考及骑射比赛大会征集奖品。即制赠“勇冠中州”立轴一幅[②]。9月10日复接来函，拟刊发河南第五届省考特刊，征集稿件，裒订汇集，以作宣传。向禹九于百忙中缀联四言韵语四十句：“二十世纪，环海互通，优胜劣败，厥例最公。扩张军备，竞尚武功。欧战方戢，转注远东。中夏立国，受侮群雄，疆土日削，国力未充。爰有健者，崛起华嵩，祖鞭猛著，为民前锋。整理国技，遐迩景从，兵农合一，可守可攻。时维九月，群英集中，相观而善，矢勇矢忠。或精拳技，牛斗直冲；或舞剑戟，横扫太空；或胜骥足，或挽雕弓；如羿射日，气吞长虹。精金百炼，咸萃厥躬，为国御侮，贯彻初衷。卓哉此册，举国所崇。我武维扬，缅怀高风，以示颂扬[③]。”

1933年11月下旬，世界红卍字会长兼河北国术馆馆长许兰州，偕天津红卍字会长苏率书、高凤和、贺善一行来青，视察分会发展状况。青岛国术馆馆长沈鸿烈于12月1日上午，于国术馆召开欢迎会。10时20分，沈馆长到馆，胡秘书长及向禹九陪同来宾相继而来，宾主稍事寒暄，略进茶点，即于操场观看国术表演。各界参观者不下千余人。国术馆职员及参加国考选手相继表演技艺，个个精神活跃、身手矫健，韩冠洲醉拳、孙秉刚四路查拳、田鸿业八卦掌、郑兰芬太极拳、王永彬螳螂拳、刘英华猴拳、姜爱兰埋伏拳、栾秀云五行拳、张文秋八极拳、韩冠洲形意八卦式，精彩倍出；单器械表演，刘英华滚双刀、姜爱兰太极剑、栾

① 青岛国术市考观光记［J］. 求是月刊，1935，1（7）：290-292.

② 河南举行国术省考［N］. 青岛时报，1934-9-7（6）.

③ 向禹九. 所赞誉河南国术界者［J］. 体育周刊，1934（22）：18.

秀云双剑，令人叹服；双器械演来，刀枪疾飞，白刃满身，干戈纵横，武功纯熟。11 时 30 分演出完毕，许氏称赞不已。全体摄影，以为纪念。许氏乃国术名家，因足疾未愈未能献技[①]。

1935 年夏，行政院院长汪精卫来青养病，褚民谊随同。青岛国术馆以行政院秘书长褚民谊为国术专家，于 7 月 18 日上午召开欢迎会。褚民谊、沈市长、胡秘书长，及向宗鼎、崔宝瑛，国术馆全体教职员学生，各练习所选手 200 余人与会。沈市长致欢迎辞，褚氏致答辞。11 时，于国术馆操场进行国术表演。首由省府主席韩复榘介绍来青之天津国术名家郝铭表演太极拳，各练习所选手依次表演，褚氏颇为赞誉。沈市长复请褚氏登场表演太极拳。褚氏演来吞吐抑仰，功夫独到[②]。

8 月 1 日晚，国术馆全体同仁于国术馆礼堂，欢迎北平国术馆许禹生馆长，胡家凤副馆长主席致辞，许馆长讲演国术意义。未几，行政院秘书长褚民谊到场，即在国术馆操场举行各种表演[③]。

第三节　本市国术表演与竞赛活动

一、市运会国术表演比赛

1925 年，青岛市学校日见增多，女子体育由此发轫。1926 年，青岛体育联合会举办春运会，又组织冬赛会，遂成传统。1933 年 1 月 1 日，青岛市体育协进会（简称体协会）成立，取代体育联合会，成为市府资助，官民合作的体育组织[④]。其工作中心着重于社会公共体育，与教育局

① 国术馆欢迎许兰州［N］. 青岛民报，1933-12-2（6）.

② 国术馆昨开会欢迎褚民谊［N］. 青岛时报，1935-7-19（6）.

③ 国术馆昨晚之欢迎大会［N］. 青岛时报，1935-8-2（6）.

④ 宋公楷. 青岛市体育事业之回顾［J］. 体育周刊，1934（2）：1-2.

体育委员会（简称体委会）主管学校体育，形成互补。体协会与体委会通力合作，青岛体育事业蒸蒸日上。国术馆行政隶属教育局。凡有关推进国术事宜，国术馆即与两会密切沟通，协商互助办理。

1932 年春运会，育英小学学生团体表演大刀，队员一个个杀气腾腾，大刀横背，真个使倭奴望之生畏。全体出场后，脱帽卸刀，一个是拳打脚踢，一个是练刀使剑，更有两对拳术对打。雄赳赳、气昂昂，为国干城①。

国术纳入青岛市运动会，始自 1933 年春运会②。教育局决定是年春运会，4 月 21 日至 23 日于山东大学体育场举行。教育局函知国术馆制定国术竞赛办法，负责报名事宜。国术馆遂召集教职员及各练习所所长，4 月 9 日于国术馆开会讨论各项事宜③。至 13 日，除国术馆职员及练习班、摔角班外，各国术练习所报名 150 余人。国术馆函复教育局，以编印程序册④。参加国术竞赛者有国术馆职员、练习班、摔角班，各国术练习所，及薛家岛国术团，海军教导队。评判员高云峰、杨明斋、尹玉章⑤。

22 日上午 10 时至 12 时，国术表演（拳术器械），第十九练习所、第二十九练习所、第六十练习所、海军教导队；团体表演，海军教导队。下午 1 时至 2 时，国术表演，国术馆、国术馆练习班；团体表演，薛家岛国术团，第一练习所，第四十四练习所⑥。

国术表演与团体表演按时依次进行。第十九练习所女生钟兰英表演剑术，其巾帼英雄气概，为全场重视（图 2–19）。午后海军教导队表演大刀，刀光闪耀，盛威甚壮，展现我国军人凛凛威风，惊心动魄。沈市长在场语保卫团秦总团副，令该团于 23 日上午参加表演。秦总团副奉谕

① 团体表演之形形色色［N］. 青岛时报，1932–5–17（2）.
② 向禹九. 春季运动会国术部之写真［J］. 体育周刊，1934（17、18）：37–38.
③ 本市国术馆筹备参加春季运动会［N］. 青岛民报，1933–4–8（6）.
④ 国术界准备参加春季运动大会［N］. 青岛时报，1933–4–14（7）.
⑤⑥ 春季运动大会明晨举行开幕典礼［N］. 青岛民报，1933–4–20（6）.

后，转令该团准备①。

23 日上午 10 时至 11 时，国术表演，第三十八练习所、第四十三练习所、第五十五练习所、第五十七练习所、第五十四练习所、第十八练习所、第十练习所。下午 1 时至 3 时，国术表演，第二练习所、第五十八练习所、第二十三练习所、第二十八练习所、第十三练习所、第十五练习所、第三十三练习所、第五练习所；团体表演，第十三练习所、国术馆摔角班②。

鍾蘭英女士表演國術於青島春運會
Miss Chung Lian Yin playing Chinese boxing in the Spring Athletic Meet, Tsingtao

图 2–19 钟兰英于 1933 年春运会表演国术
（采自《图画时报》1933 年第 926 期）

是日，于原定程序外，上午增加保卫团大刀表演，下午增加海军教导队团体表演。裁判评定，第 1 名海军教导队，第 2 名国术馆摔角班，第 3 名第十三练习所，第 4 名国术馆练习班，第 5 名第四十四练习所③。

11 月上旬，体委会与体协会联合举办冬季竞赛会，摔角比赛由国术馆办理。11 日至 30 日，于国术馆报名④。比赛只限男子高级，分甲乙两组。国术馆教授班、第一期摔角班毕业生，及军警工商各界为甲组；国术馆第二届摔角班学生，及各练习所学生为乙组⑤。甲乙两组共报名 55 人⑥。

12 月 10 日下午，甲组比赛于汇泉体育场举行，至 5 时因天色已晚，未能决赛。17 日上午，仍在原处决赛。乙组比赛 36 人，17 日下午

① 昨日春运会中海军表演大刀精彩［N］. 青岛时报，1933-4-23（6）.
② 春季运动大会国术人员显身手［N］. 青岛时报，1933-4-19（6）.
③ 春运大会圆满结束［N］. 青岛时报，1933-4-24（3）.
④ 冬季体育竞赛会［N］. 青岛民报，1933-11-12（6）.
⑤ 国术表演会［N］. 青岛民报，1933-11-18（6）.
⑥ 国术馆通知摔角武士准备竞赛［N］. 青岛时报，1933-12-6（6）.

举行[①]。比赛结果，甲组第 1 名王永彬（国术馆第一期毕业），第 2 名胡凤奎（保安队），第 3 名马振华（国术馆第一期毕业），第 4 名王春臣（保安队）；乙组第 1 名王永彭（国术馆第二期毕业），第 2 名王锡海（国术馆第二期毕业），第 3 名王立珂（第三十练习所），第 4 名董寿山（国术馆第二期毕业）[②]。

1934 年，青岛市教育局主办第九次第四届春运会。5 月 12 日至 14 日，于汇泉体育场举行[③]。青岛市国术推行，大致可分为两部分。一为国术练习所及军警两界，一为市立私立中小学。国术练习所及军警界成绩优劣，不难推测。各学校国术虽经多年提倡，因受时间及经费限制，普及程度与进展状况难得考察机会，遂划分甲乙两组。凡学校属于甲组，国术团体属于乙组，分别评判。摔角、举重各分高级、中级两组，国术馆教授班毕业及大学生、军警各界为高级组，中学生及练习所学生为中级组。竞赛分比赛、表演两种，表演分拳术、枪术、刀术、棍术、剑术、对拳、对器械、团体八项，比赛分摔角、举重两项。青岛市摔角尚形幼稚，1933 年冬赛会增设摔角比赛，趁此赓续，以促进发展[④]。

是年春运会国术竞赛，各单位以 5 人为限，每人可兼报两项。5 月 1 日至 7 日报名[⑤]。先后报名者 40 余单位，270 余人。10 日晚，国术馆召集选手作赛前准备[⑥]。国术股主任向宗鼎，团体表演评判员陈命凡、陈盛甫、张贻先，摔角评判员李义三、常秉毅、顾永志，举重评判员向宗鼎、崔宝瑛、陈命凡，国术表演评判员高云峰、杨明斋，记录员崔德民、郑兰芬、秘道生、刘英华、杨庆先、纪炎昌，管签员徐汉臣、孙秉刚，计时员臧醒吾、韩冠洲，指挥员田鸿业、祝正森、韩冠英、郭凤岗、高仲武，

① 冬季竞赛会国术摔角甲组比赛战况［N］. 青岛民报，1933-12-12（6）.

② 冬季竞赛会国术摔角两组均结束［N］. 青岛民报，1933-12-18（6）.

③ 国术消息［N］. 青岛民报，1934-5-13（7）.

④ 向禹九. 春季运动会国术部之写真［J］. 体育周刊，1934（17、18）：38.

⑤ 国术馆通令所属参加春运会［N］. 青岛民报，1934-4-28（6）.

⑥ 春运会上团体表演秩序排定［N］. 青岛民报，1934-5-10（6）.

布置员杨庆先、秘道生，宣传员臧翔枢、孙玉秀，报告员韩冠洲[①]。

12日下午1时，乙组单拳表演，参加者40余单位137人。表演拳种，形形色色。第七十四练习所学生宋开泰表演罗汉拳，功力深厚，动静咸宜，堪称上乘；第四十二练习所女生姜爱兰表演太极拳精神贯注，举动灵巧；国术馆练习班甲级学生吴亨庆，年仅14岁，表演太极拳，动作灵敏，姿势正确，诚属后起之秀[②]；第四十练习所学生王子仁表演陆（六）角式，手眼灵活，步法得宜。他如第七十一练习所学生姚玉芳表演金刚拳，国术馆练习班乙级学生孙玉均（君）表演一路金刚拳，第七十三练习所学生蓝心诚表演小虎燕（呼延）拳，俱各动作活泼，技法熟练。第四十七练习所学生刘新公、王智为、李有顺、杨宝泰，均11岁、12岁，表演长拳，跳跃敏捷，精神振爽。各种表演优良者不胜枚举。乙组单拳第1名宋开泰，第2名姜爱兰，第3名吴亨庆，第4名王子仁[③]。

乙组枪术、刀术、棍术、剑术表演，于13日上午8时半举行，参加表演者枪术40人、刀术56人、棍术22人、剑术23人，11时竣事。枪术第1名王岐山（第四十二练习所），第2名林锦亭（第二十九练习所），第3名冯春暖（第二十九练习所），第4名于法柏（第四十二练习所）；刀术第1名姚玉芳（第七十一练习所），第2名周永福（国术馆练习班乙级），第3名盖文明（女，第九练习所），第4名张文秋（女，第十八练习所）；棍术第1名陶作山（第五十九练习所），第2名丁锡禄（第四十练习所），第3名张兆坤（第二十九练习所），第4名钟延文（第十八练习所）；剑术第1名王木桂（第七十四练习所），第2名李世基（第十七练习所），第3名张仁俊（第二十九练习所），第4名马学德[④]。

乙组对拳表演，参加者32人，对器械60人，13日下午1时开始，

① 春运会今晨开幕［N］. 青岛民报，1934-5-12（7）.

② 《体育周刊》1934年第17、18期第26页载，姜爱兰、吴亨庆分别表演八极拳。

③ 国术消息［N］. 青岛民报，1934-5-13（7）.

④ 春季运动会第二日［N］. 青岛民报，1934-5-14（7）.

3 时完毕。对拳第 1 名王金敏、孟庆泰（第六十七练习所），第 2 名孙丕瑞、祈健成（第三十三练习所），第 3 名张振纳、王文彬（第九练习所），第 4 名宋本聚、范相（第二十三练习所）；对器械第 1 名王木桢、杜伟岚（第七十四练习所），第 2 名萧鸿义、王得三（第十三练习所），第 3 名王敬信、张功菱（永裕精盐公司），第 4 名孙德光、苏元德（第三十八练习所）。

乙组团体表演，14 日上午 8 时半开始，下午 3 时完毕。取定优胜第 1 名保卫团（大刀），第 2 名国术馆摔角班（摔角式），第 3 名港务局子弟学校（拳术），第 4 名第十七练习所（大刀）。

高级组举重第 1 名曹得胜（第七十四练习所），第 2 名由抡贵（海军测量队），第 3 名江志桂（第二十一练习所），第 4 名毛宗浩（第二十一练习所）；中级组举重第 1 名王宝松（永裕公司），第 2 名姜积发（礼贤中学），第 3 名刘慎思（永裕公司），第 4 名王义昌（第七十六练习所）。

中级组摔角决赛，第 1 名高芳先，第 2 名王立琦，第 3 名吴孝财，第 4 名尤起森；高级组摔角决赛，第 1 名王永彭，第 2 名王锦海，第 3 名毛宗浩，第 4 名李振邦（国术馆练习班甲级）[①]。（图 2-20）

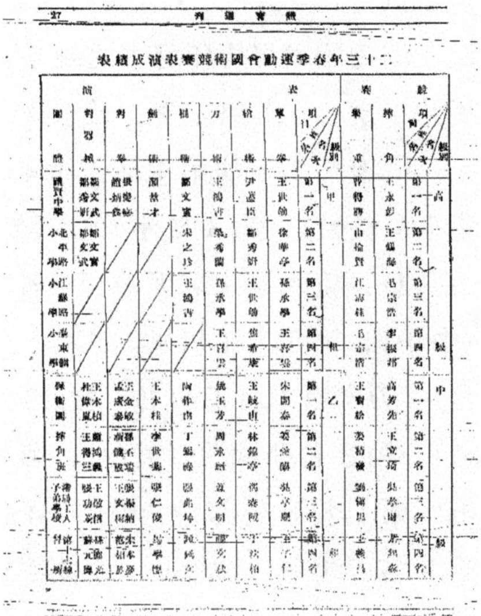
27　體育週刊
二十三年春季運動會國術競賽表演成績表

图 2-20　青岛市 1934 年春季运动会国术竞赛表演成绩表

（采自《体育周刊》1934 年第 17、18 期合刊）

摔角比赛采用双淘汰制，高级参加者 12 人，中级参加者 23 人，均系个中能手，各送功力而礼让雍容，别开生面。举重比赛参加者高级 7 人，

① 春季运动会第二日［N］. 青岛民报，1934-5-14（7）.

中级 11 人[①]。举重于青岛市向不盛行，列入竞赛可测民众膂力高低。孰料报名者寥寥无几，最高纪录仅 210 磅。可知举重水平较摔角为次[②]。

甲组各项表演仅五单位，李村王世劬拳术、枪术甚为活泼，尹荩臣桃花枪进退迅速、舒展自如，张提修、赵炳鑫对拳龙奋虎搏、甚为可观；中华小学女生邹秀妍，年仅 13 岁，表演双头蛇身法手法花样翻新，宋之珍年仅 9 岁，练习棍术纯熟自然，邹文实、邹文武、邹秀妍姊妹三人对器械尤有特色；黄台路小学生徐华亭、孙承学拳术，焦希康枪术，王鸿书、荣秀兰、孙承学、颜景才刀剑等，均精巧灵妙；台西镇小学生王喜云八方拳及磨盘刀圆转如意，灵活可嘉。（图 2-21）

团体表演则有 22 单位参加，项目 34 种，均能将传统武术融入新规则，整齐而不板滞，雄健而不机械，洵为国术界历年努力之结果。最优礼贤小学、北平路小学、江苏路小学，及东镇小学等[③]。

甲组拳术表演第 1 名王世劬（李中），第 2 名徐华亭（黄台），第 3 名孙承学（黄台），第 4 名王喜云（西镇）；枪术第 1 名尹荩臣（李中），第 2 名邹秀妍（中华），第 3 名王世劬（李中），第 4 名焦希康（黄台）；刀术第 1 名王鸿书（黄台），第 2 名荣秀兰（黄台），第 3 名孙承学（黄台），第 4 名王喜云（西镇）；棍术第 1 名邹文实（中华），第 2 名宋之珍（中华），第 3 名王鸿书（黄台）；剑术第 1 名吴景才（黄台）；对拳第 1 名张提修、赵炳鑫（李中）；对器械第 1 名邹文武、邹秀妍（中华），第 2 名邹文武、邹文实

图 2-21　青岛市运动会国术比赛最幼女童邹秀妍

（采自《勤奋体育月报》1934 年第 1 卷第 10 期，图中姓名有误）

① 青岛市第四届春季运动会专号国术成绩表［J］. 体育周刊，1934（17、18）：26.

② 向禹九. 春季运动会国术部之写真［J］. 体育周刊，1934（17、18）：37-38.

③ 青岛市第四届春季运动会专号国术［J］. 体育周刊，1934（17、18）：26.

（中华）。团体表演，第 1 名礼贤中学，第 2 名北平路小学，第 3 名江苏路小学，第 4 名东镇小学①。

甲组总分第 1 名黄台，第 2 名中华，第 3 名李中，第 4 名台西；乙组总分第 1 名第七十四练习所，第 2 名第四十二练习所，第 3 名第二十九练习所，第 4 名第六十七练习所②。

11 月中旬，体委会联合国术馆及体协会，举行冬季体育竞赛会。国术馆通令各练习所遵照规定报名。竞赛规则规定，国术竞赛分摔角、举重、射箭三项。摔角、举重两项，各分三级。凡体重在 161 磅以上者为重量级，131 至 160 磅者为中量级，130 磅以下至 100 磅者为轻量级。摔角每级报名不足 10 人者，举重每级不足 5 人者，取消该级比赛。射箭不分级，如报名不足 10 人，即改为表演。皆以个人参赛，各项各级均设锦标。11 月 11 日开始到国术馆报名，摔角、举重 12 月 10 日截止报名，射箭 12 月 30 日截止报名③。12 月 5 日，国术馆开会讨论冬季竞赛会事宜④。1935 年 1 月 13 日，冬季竞赛会射箭比赛于汇泉体育场举行。射箭比赛于青岛是为创举⑤。（图 2–22）

图 2–22　栾秀云射箭姿势

（采自《北洋画报》1934 年 12 月 29 日第二版）

---

① 国术团体表演甲组各项成绩［N］. 青岛民报，1934–5–15（7）.

② 国术各项成绩总分［N］. 青岛民报，1934–5–15（7）.

③ 国术馆通饬练习所参加冬季体育竞赛会［N］. 青岛民报，1934–11–15（6）.

④ 国术馆定期开会讨论参加冬赛会［N］. 青岛民报，1934–12–2（6）.

⑤ 冬季竞赛会射箭比赛明日举行［N］. 青岛时报，1935–1–12（6）.

1935 年春季运动会，教育局改于 5 月 11 日至 12 日举行[①]。国术股拟定摔角比赛规则、举重比赛规则、射箭比赛规则[②]。

冬季体育竞赛会国术比赛，原定 12 月 22 日、29 日，于汇泉体育场举行，分摔角、举重、射箭三项。摔角、举重各分重量、中量、轻量三级。摔角每级各取优胜四名；举重每级各取优胜三名；射箭分男女两组，每组各取三名，均以个人为单位。国术馆通令各练习所学生报名参加。凡学校及军警工商各界均可报名参赛，12 月 1 日至 15 日到国术馆报名[③]。1936 年 1 月 5 日，冬赛会摔角、射箭两项分别举行。摔角重量级第 1 名王立珂，第 2 名李振邦，第 3 名杨为秀，第 4 名万可德；中量级第 1 名高芳先，第 2 名刘作民，第 3 名杜玉山，第 4 名时锡三；轻量级第 1 名孙玉君，第 2 名马金海，第 3 名周永福，第 4 名孙克宋；射箭第 1 名高芳先，第 2 名杨庆先，第 3 名管海云[④]。

1936 年 5 月中旬，春运会筹委会聘定国术总裁判向宗鼎，摔角评判员李义三（传忠）、常秉毅、张孝才，举重评判员向宗鼎、张醒寰，射箭评判员向宗鼎、崔宝瑛、万铁侯，表演评判员向宗鼎、高云峰、杨明斋、韩冠洲、杨庆先，记录员臧翔枢、秘道生、臧醒吾、韩冠洲、杨庆先、李义三（传忠）、高作霖、田效先，宣传员万铁侯、臧翔枢、田效先，管签员祝正森、田瑞五[⑤]。

5 月 17 日至 18 日，春运会于汇泉体育场举行。17 日下午，冀鲁针厂团体国术操表演，博得观众彩声，又续演一次[⑥]。表演者 170 余人（男 100 女 70 余人），服装崭新，动作敏捷整齐；国术馆 400 余人摔角及摔角式表演，全新服装，为国术馆第五期摔角班及沧口摔角班学员，大半系

① 春运筹备会国术股拟定摔角规则［N］. 青岛时报，1935-5-3（6）.

② 比赛规则［M］. // 青岛市市政法规汇编. 1936：121-124.

③ 国术馆令各练习所参加冬季体育竞赛会［N］. 青岛民报，1935-12-3（6）.

④ 冬季体育竞赛会摔角射箭同时进行［N］. 青岛时报，1936-1-6（6）.

⑤ 春季运动会聘定大会职员［N］. 青岛民报，1936-5-12（6）.

⑥ 春运会中之花花絮絮［N］. 青岛时报，1936-5-18（6）.

工农子弟，教练有素①。

国术表演比赛结果，甲组单拳第 1 名王统岭（黄台路小学），第 2 名李淑英（黄台路小学），第 3 名何中原（东镇小学）；枪术第 1 名张照财（绥远路小学），第 2 名王建法（东镇小学），第 3 名郝绪先（育英小学）；刀术第 1 名高绪士（黄台路小学），第 2 名张孝宽（东镇小学），第 3 名张清镇（育英小学）；棍术第 1 名朱孝山（黄台路小学），第 2 名王德清（绥远路小学），第 3 名郝绍先（育英小学）；剑术第 1 名高玉馨（北平路小学），第 2 名牛智庆（绥远路小学），第 3 名张修春（育英小学）；对拳第 1 名张孝宽、王建法（东镇小学），第 2 名宋玉美、李淑文（黄台路小学），第 3 名王德清、辛兆铭（绥远路小学）；对器械第 1 名潘子奉、郝绍先（育英小学）。

乙组单拳第 1 名宋作洲（第三十九练习所），第 2 名孙玉君（国术馆乙组练习班），第 3 名齐子江（第一百一十五练习所）；枪术第 1 名祁鉴诚（第三十三练习所），第 2 名苟希孟（第十四练习所），第 3 名宋义全（第七十九练习所）；刀术第 1 名韩贵善（国术馆甲组练习班），第 2 名康习之（国术馆），第 3 名刘俊芳（国术馆女子练习班）；棍术第 1 名周凤德（第四十三练习所），第 2 名刘铨其（第十四练习所），第 3 名姚玉芳（第七十一练习所）；剑术第 1 名李世叶（第十七练习所），第 2 名张仁俊（第二十九练习所），第 3 名马学德（国术馆甲组练习班）；对拳第 1 名孙玉君、李世基（国术馆乙组练习班），第 2 名王文彬、张振讷（第九练习所），第 3 名张基山、张金声（第一百零八练习所）；对器械第 1 名张富明、张志顺（第三十九练习所），第 2 名陈兆礼、孙志顺（第三十九练习所），第 3 名王木相、怀希圣。

乙组摔角比赛，轻量级第 1 名马金海，第 2 名王守成，第 3 名周永福，第 4 名徐文龙；中量级第 1 名杜玉山，第 2 名辛忠田，第 3 名王坤，

① 春运会昨圆满闭幕［N］. 青岛民报，1936-5-19（6）.

第 4 名李延年；重量级第 1 名董方亭，第 2 名姜本庆。举重轻量级第 1 名陈逢庆，第 2 名王木相，第 3 名刁洪发，第 4 名郭小东；中量级第 1 名王宝松，第 2 名董忠先，第 3 名张绪敬，第 4 名张学成。男子射箭第 1 名杨为博，第 2 名马学德。

甲组团体表演第 1 名北平路小学，第 2 名兰山路小学，第 3 名台东镇小学，团体总分第 1 名黄台路小学。乙组团体表演国术馆摔角班、冀鲁针厂、保卫团并列第一，团体总分第 1 名国术馆乙组练习班①。

1936 年 10 月，为纪念第三公园体育场落成，教育局举办五校联运会②。向禹九担任国术表演裁判长，国术馆教职员高作霖、杨庆先、李义三、常秉毅、张孝才、臧翔枢、臧醒吾、秘道生、韩冠洲、纪炎昌、祝正森担任裁判工作③。

24 日上午 8 时许，礼贤中学、崇德中学、文德女中、圣功女中、尚德小学五校学生及运动员陆续到场，精神焕发。是日，秋高气爽，观众踊跃，布满看台两旁山坡。大会鸣枪两声，举行开幕式。大会持续一天，下午 5 时半闭幕④。

国术馆参加表演，大会盛况不减于全市春运会。团体表演，国术教员训练班 40 人刀术、枪术，国术馆摔角班 60 人摔角式。各校学生个人表演，高级组单拳 21 人，单器械 30 人，对拳 14 人，对器械 26 人；中级组单拳 29 人，单器械 17 人，对拳 6 人，对器械 18 人；初级组单拳 44 人，单器械 21 人，对拳 10 人，对器械 6 人；女子组单拳 27 人，单器械 16 人，对拳 9 人⑤。参演各项目，按组别分别录取前三名。国术教员训练班团体刀术、枪术，及女子器械表演博得好评⑥。第二练习所所长张克勤

① 昨日全部决赛成绩［N］. 青岛时报，1936-5-19（6）.
② 五校联运会今日行开幕礼［N］. 青岛民报，1936-10-24（6）.
③ 联运会延期举行［N］. 青岛民报，1936-10-17（6）.
④ 五校举行联运［N］. 青岛时报，1936-10-25（6）.
⑤ 五校联合运动国术项目特多［N］. 青岛时报，1936-10-16（6）.
⑥ 五校联运会国术成绩补志［N］. 青岛民报，1936-10-26（6）.

（74 岁）老先生参加了大会表演[①]。

1936 年冬季体育竞赛会，拳术、举重、射箭、摔角等项比赛，延迟至 1937 年 4 月 18 日，于汇泉体育场进行[②]。

1937 年春季运动会，5 月 15 日至 16 日于汇泉体育场举行。国术比赛及表演 27 个项目。国术馆向宗鼎、韩冠洲、臧翔枢等教职员担任评判员[③]。摔角比赛按级别分别录取四名，举重比赛分别录取三名。国术表演各项分别录取三名[④]。

青岛市举办春运会、冬赛会国术比赛，与国术市考并行不悖。组织形式上，市运会由体委会主办，国术市考由国术馆主办。竞赛性质上，市运会遵从全运会，国术市考依据国术国考。而历届春运会、冬赛会国术表演比赛，更能展现青岛市国术普及程度与发展水平。（图 2–23）

图 2–23　青岛李村乡区联运会上表演国术二老英雄（采自《青岛画报》1936 年第 24 期）

二、第一届国术市考

青岛国术馆为推广国术，增进市民研究国术兴趣，1931 年 5 月 24 日，召集全市国术人员，于齐燕会馆举行友谊会，做大规模表演，俾市

① 五校举行联运［N］. 青岛时报，1936–10–25（6）.

② 冬赛会拳术等比赛定本周举行［N］. 青岛民报，1937–4–17（6）.

③ 本市春季运动会今晨举行开幕礼［N］. 青岛民报，1937–5–15（6）.

④ 春运会圆满闭幕［N］. 青岛民报，1937–5–17（6）.

民对国术有深刻认识。6月7日，于新舞台举行比试，以便拔取选手，参加第五届全国运动会[①]。遂函请海军司令沈鸿烈，代理市长胡家凤，偕胶路委员长葛光庭，为国术游艺会比试大会会长。国术馆通知各练习所登记报名：

迳启者，本馆召集全市国术人员，于6月7日在新舞台举行比试，以便拔取参加二十（1931）年全国运动大会之选手，业将登记日期通知在案。查此次国术比试，为青市首创之举，关系国术前途之发展名誉，人格之提高。各国术同志，有无勇气有无胆量，概可觇及。至于胜负得失，毫无关系。锦标归谁，不值计较。韩淮阴善于败中取胜，曾国藩以屡战屡败为荣。今日之败，乃是明日之胜。负者可努力锻炼，胜者尤当不骄不矜。此中真理，当能明见及此，无俟烦言。再比试结果，如能名列前茅，拟由本馆聘为教习，以资鼓励而重长才，并拟函请各机关备有贵重物品，专为奉赠之用。是知此次比试，诚有奋斗之价值。相应函请贵所，迅速登记。如有其他国术团体，及长于国术之个人，亦可代为介绍，来馆报名，幸勿观望自贻，是为至荷[②]。

国术游艺比试大会，入场不加限制[③]。国术馆印制《青岛市国术游艺比试大会特刊》，向社会广泛宣传国术，引导民众认识国术，了解国术馆。

6月7日，国术比试大会于新舞台如期举行。上午8时开幕，代理市长胡家凤及市政要员莅场。大会收到捐赠奖品颇为丰富。门票一元，而前往购票者异常踊跃[④]，参观者4000余人，其盛况为青岛市向来所未有[⑤]。

① 本届全运会因“九·一八”事变延迟至1933年。

② 青岛国术比试选拔出席全运会代表［N］. 大公报（天津版），1931-5-25（8）.

③ 山东省档案馆馆藏档案，档案号：J110-01-034-007.

④ 青岛选出国术选手准备参加全运会［N］. 大公报（天津版），1931-6-11（8）.

⑤ 青岛国术比试大会［N］. 申报，1931-6-11（9）.

筹委会厘定《青岛市国术馆比试章程》。为振兴国术，大会评判委员及检查委员，如愿比试者亦可于赛前向国术馆报名[①]。担任此次赛会的评判员有殷涵荒、陈季超、向禹九、张季龙、万铁侯、崔绍麟、高云峰、杨明斋、尹玉章，检查委员高振芳、王旭东、刘英华、孙宝林、臧醒吾、田瑞五、陈裕强、纪炎昌、常秉毅、齐奇海，文牍王芹塘。赛员田鸿业、李振邦、郑绍先（仙）、刘殿魁、刘宝田、王永彬、王文周、韩其昌、韩冠英、滕文焴、王鸿恩、郝鸿勋、李有龄、高仲武、王文晓、吕奎兴、范景新、杨新春、姚永祥、孙玉芳、王兆礼、田秀云、张进堂、姜良辰、李海亭、韩冠洲、黑孟礼、王福喜、万瑞玉、董鸿福、程万安、纪雨人、杨庆先、李光宗、张培五、刘希维、邢福川、管海云、石以群、杨凤信、徐汉臣、孙秉钟、刘振干、刘许清、孙作山、萧鸿义、赵玉山、姜存孝、祝正森、张辉耀、杜伟岚、王本（木）桢、高纶士，共计53人[②]。此种考试于青岛是乃创举，后被称为青岛第一届国术市考。

此次赛会专比拳脚（散打）[③]，用淘汰法分组比试[④]。体重逾170磅以上者为甲组，逾140磅以上者为乙组，不足140磅者为丙组。甲乙丙三组各取五名，再混合比试，考取第一[⑤]。

上午9时，由会长胡家凤主席。开会如仪，即开始点名比试[⑥]。与试者大显身手，各不相让。竟有因用力过猛被挤于台下而受伤者[⑦]。头部有受伤者数人，救护队当场敷药救治。比试秩序尚好。市立中学学生高纶士，年方16岁，竟角逐疆场，博得彩声不少。纪雨人、祝正森二人比试时，奋斗甚烈，几至不可开交。幸由检察员竭力制止，始得无事了结。

---

① 青岛市政府训令［J］. 市政公报，1932（34-36）：178-180.

②④⑦ 青岛选出国术选手准备参加全运会［N］. 大公报（天津版），1931-6-11（8）.

③ 向禹九. 青岛市国术馆成立以来之回顾［J］. 体育周刊，1934（5）：6.

⑤⑥ 青岛国术比试大会［N］. 申报，1931-6-11（9）.

预试完后，即进行混合决赛。战至最后，由韩冠英与纪雨人争夺锦标。结果韩冠英得胜，夺得第 1 名①。

比试结果共录取 14 名，第 2 名至第 14 名依次为纪雨人、孙玉秀、祝正森、李海亭、孙秉刚、田鸿业、徐汉臣、杨庆先、姜良臣、高纶士、滕文炜、郑绍先（仙）、郝鸿勋②。

8 日晚 8 时，于国术馆由胡家凤颁奖③，发给武士证书，及各机关馈赠奖品④。计胡若愚市长银杯一只，胡家凤秘书长题匾额一方，海军司令大银盾一座，胶路葛委员长银杯一只，教育局银盾一座，胶海关袁监督题匾二纸，屠宰征税处镜屏一架，电汽公司银盾一座，工务局宝剑一口，观象台玻璃匾一方，交通银行银盾一座，电话局优胜旗一面，盐运使署精盐四十包，财政局银杯一只，公安局银盾一座，商会银盾一座，商品检验局银盾一座。其余由个人捐助奖品等甚多⑤。（图 2–24）

游艺大会前，为筹募经费，国术馆印制门票，分派社会各界，以认购票资形式作为赞助资金。9 月中旬，国术馆向社会公布收支账目。市府、公安局、铁路局、市党部、财政局、总商会、教育局等 29 家企事业单位认购，加上临时售票，共募得资金 1006.5 元。大会奖品费、印刷费、广告费、租用新舞台、修理会场、工友工资、午餐费、照相

图 2–24　青岛第一届国术市考纪念章
（采自《青岛武林百年》）

① 青岛国术比试大会［N］. 申报，1931–6–11（9）.
②③ 青岛选出国术选手准备参加全运会［N］. 大公报（天津版），1931–6–11（8）.
④ 向禹九. 青岛市国术馆成立以来之回顾［J］. 体育周刊，1934（5）：6.
⑤ 青岛国术比试大会［N］. 申报，1931–6–11（9）.

费、纪念章费及杂支费 571.04 元，余存 435.46 元[①]。

三、第二届国术市考

1932 年，青岛第二届国术市考，定于 7 月 9 日至 10 日，仍在平度路新舞台举行。报名者异常踊跃，截至 6 月 20 日，报名者达 180 人。6 月下旬，国术馆筹备工作就绪，分函各机关征求奖品[②]，以备届时奖与优胜者，作为纪念[③]。国术馆拟定《青岛市国术馆比试章程》[④]，考试规则略如其旧，职员聘定与奖品征集，试场设备，较往年无甚差异[⑤]。

筹委会议决，正式比赛前进行预试。函请公安局派警维持秩序，市立医院预备救护[⑥]。7 月 3 日，预试于国术馆操场举行。报名者 252 人，现场报名 20 人[⑦]。实际参赛者 208 人。南北各省武士，不远万里与会。早 8 时开赛，市府胡秘书长到场参观，沈市长午后 3 时莅临，赛至 5 时收场。与试者演示各种武艺精妙，尤以十余岁少年击倒成年勇士，六十余岁老者无人与敌，为新奇记录[⑧]。

预试及格者百余人。正试大会入场券，每张定价大洋五角，俾各界人士前往参观。连日到馆购买者非常踊跃，大有应接不暇之势。筹委会征集奖品种类甚多，国术馆备有优胜银盾奖章，沈市长题赠“有勇知方”大银盾一座，胡秘书长题赠“我武维扬”大银杯一座，海军司令部赠大银盾两座，各机关学校及青岛市诸名流赠送银盾、银杯、镜屏、匾额、

① 山东省档案馆馆藏档案，档案号：J110-01-044-011.
② 国术馆定期比试［N］. 青岛时报，1932-6-21（6）.
③ 国术馆函各界征集国术比赛会奖品［N］. 青岛民报，1932-6-25（6）.
④ 青岛市政府训令［J］. 市政公报，1932（34-36）：178-180.
⑤ 向禹九. 青岛市国术馆成立以来之回顾［J］. 体育周刊，1934（5）：6.
⑥ 国术馆定期预试［N］. 青岛时报，1932-6-28（6）.
⑦ 国术馆举行国术比赛预试［N］. 青岛民报，1932-7-5（6）.
⑧ 国术馆预试武术之盛况［N］. 青岛时报，1932-7-5（6）.

优胜旗等，琳琅满目，美不胜收[①]。

7 月 9 日至 10 日，青岛第二届国术市考于新舞台举行正试。拔取技术最优者罗克江、王永彬、王兆礼、江志桂、林锦亭、刘希维、马振华、李振邦、张华峰、刘汉洪、段永章、陈学德、高计德、徐国仁、吴凤亭 15 人[②]。

23 日下午，于国术馆颁发奖品。除各界赠送奖品及国术馆优胜奖章外，馆长沈鸿烈亲自奖励第 1 名罗克江大洋 100 元，第 2 名王永彬、第 3 名王兆礼大洋各 50 元。之后，沈馆长致辞：本届比试 200 多人，考取 15 人，皆系本市国术界优秀分子。可见，平素勤苦用功练习，方有今日结果，也是本市国术的进步。古云：十年寒窗无人问，一举成名天下知。这是诸君今天的景况。真是可喜可贺，亦是永远纪念的事。今天，就这机会与大家谈谈，本人素不喜有派别，国术界更不宜有派别。总要联络一气，成为团体，再与各界有志练习者互相研究，取人之长补己之短，国术才能日见进步，将来一致对外，同胞派别一概化除，岂不是好。此次市考所取 15 人，已有职业的，应当各务本业；赋闲的，在本人可能范围内介绍服务。大家不要自满，还需继续努力研究国术，方不失初志。辞毕散会，优胜者欣然携带奖品而归[③]。

四、第三届国术市考

1935 年 4 月，山东于济南举行第三届国术省考，函聘沈市长为大会名誉委员长，并邀请青岛国术人员赴济参加表演。沈鸿烈于济南参观两日，因政务颇繁，不便久留。22 日晚乘车离济东返，23 日晨抵青。返程车中，沈鸿烈向记者坦言，此次山东国术省考，成绩甚佳而有特色。青

① 第二届国术比试各要人纷赠奖品［N］. 青岛时报，1932-7-7（6）.

② 青市国术赛［N］. 大公报（天津版），1932-7-19（6）.

③ 国术馆昨日颁发二届比试优胜奖品［N］. 青岛时报，1932-7-24（6）.

岛市参演选手，每日出场表演，受到赞许。韩主席对青岛国术表演团给予优待，其成员须俟大会闭幕后返青。为使青岛市国术普遍发展，遴选真才，拟于6月15日举行国术市考，由国术馆负责筹办。本市练习国术，有一技之长者均可报名参加。已邀约韩主席来青出任名誉考试委员长①。

25日，青岛各大新闻媒体刊发，青岛国术馆将举办第三届国术市考消息及考试规程②。赛期原定5月20日开幕，因筹备不及，改为6月15日③。

5月3日下午，教育局召集各校国术教员开会，邀请市国术馆派员参加，共同商讨国术市考事项，明了考试办法，布置先期准备工作④。

青岛国术馆筹备第三届国术市考，聘请山东省主席韩复榘、中央委员李烈钧为名誉考试委员长，山东国术馆副馆长窦来庚为总评判，邀请山东国术馆派员来青参加表演。教育局与各校商定，挑选1640名学生参加团体表演。国术馆正在编订中小学国术教材，每日分派教员前往各校训练，每周日集合汇泉体育场会演⑤。

5月19日上午，沈市长偕向禹九赴国术馆参观童子组表演，并向全体学生50余人训话。此次国术市考原未规定女子参加，连日来女子前往要求与试者颇不乏人。国术馆与考委会会商，制定女子参加办法，通知各练习所⑥。

21日晚，考委员会于国术馆教务室举行第一次会议。主席向禹九报告工作进行状况。关于总裁判、副总裁判、各部主任、股长，及名誉会长，名誉副会长人选，已呈请市长待批；应试员奖品，刀40把、剑15柄已定制；团体操训练已召集国术教员研究，统一口令及动作；个人表

① 沈市长为提倡国术将举行市考［N］. 青岛时报，1935-4-24（6）.
② 国术馆着手筹备国术市考［N］. 青岛时报，1935-4-25（6）.
③ 本市国术考试改六月十五日举行［N］. 青岛民报，1935-4-25（6）.
④ 教局昨召集各校国术教员会议［N］. 青岛时报，1935-5-4（6）.
⑤ 国术馆筹备市考近讯［N］. 青岛时报，1935-5-10（6）.
⑥ 沈市长昨赴国术馆参观童子组国术表演［N］. 青岛时报，1935-5-20（6）.

演，童子组挑选女生9人，男女共40人。制服规定男应试员黄裤加红条，男表演员黄裤加白条，女应试员蓝裤加红条，女表演员蓝裤加白条，一律着白衬衫；女子报名与试者9人，拟取5名，奖品已制定；男应试员报名已达220人。议决报名日期保留；闭幕日期定于6月19日；济南童子组表演员奖品，每人赠青岛市风景画片一册，小砍刀一柄，童子军棍一根，国术馆编《砍刀术练习法》《八卦掌简编》各一册；济南评判员及童子组表演员住市立中学，伙食妥觅饭庄承包，每人每天不超一元；各股职员宜早聘定，以便负责进行。预试日期定于6月2日举行①。

24日，考委员会于国术馆教务室举行第二次会议。议决预试评判员分三组，每组3人，当天完竣；应试员及职员伙食自备；商请公安局派警维持秩序，谢绝来宾参观，应试员佩戴符号入场；报名日期延至5月28日；推定文书股臧翔枢，会计股臧醒吾，事务股杨庆先，招待股高净波，宣传股邹麓泉，奖品股宋公楷，卫生股函请市立医院酌派，纠察股孙希如，表演股韩冠洲，注册股崔德民，布置股宋玉泉，记录股臧醒吾，检察股韩冠洲；函聘山东国术馆副馆长窦来庚担任总评判兼任评判员；推定周亚青、向禹九担任副总裁判；奖状印制免用图案，由总务部酌办；武士证书照修正格式办理；借用市立中学房屋，推张贻先负责接洽；团体会操总指挥，推李义三（传忠）担任，6月9日预演②。

31日晚，考委员会及评判员会议于国术馆举行。此次市考科目分拳术（散打）、摔角、长兵、短兵、学科五项。术科用双淘汰制，学科用口试、笔试法。报名者420人，6月2日预试及格者由大会发给制服，准于参加正试。预试应试员表演拳术或器械一套，分三场同时进行，每场评判员3人，约取300人。评判员分四组，三组同时临场，循环休息。韩剑秋、宋君复、高云峰为甲组，马钰山、宋公楷、杨明斋为乙组，万籁

① 国术市考预试期已规定［N］. 青岛时报，1935-5-23（6）.

② 国术考试报名期延长［N］. 青岛时报，1935-5-27（6）.

平、蔡季明、汪华亭为丙组，周亚青、傅宝瑞、刘英华为丁组[①]。

6月2日上午8时，第三届国术市考预试于国术馆举行。沈市长兼考试委员长，胡秘书长兼副委员长。沈市长训话：今天是第三届国术市考预试的一天。本市1931年举行第一届市考，1932年举行第二届市考，1934年因事务繁忙，且鉴于发达程度不健全，停止未办。第一届报名不足百人，第二届200余人，此次报名者竟有400人之多，尚有或在工厂做工，或有特殊情形不能参加者。由此比较，足证国术日见发达。不仅人数增多，技术方面本市参加历届华北运动会及全运会，获得锦标很多，中央第二届国术国考名列前茅者，不一而足。最近山东第三届国术省考，本市参加表演亦获得相当声誉，足见本市国术于华北、于全国确有相当地位。按中央规定，自本年起，每年举行市考一次，以示提倡。对于此次市考，尚有意见二点：第一，预试不能人人尽取，凡报名者技术定皆优良，不过就年龄，年事过高技术虽好，亦或不取，因恐有伤害，不易复原；年龄过小者，发育尚未健全，亦或不取，因恐有重大损失，且亦有年可待。至于年当富强，或因适逢有病，或因一时精神不振，致不录取，亦或不免。要知取与不取，无关技术优劣，不要以得失萦怀。第二，评判员共分三组，每组三人，系由外聘请，与各练习所素无关系者一人，本市体育场职员一人，国术馆职员一人助理。正试时，总裁判亦系外聘，力求避免嫌疑，完全公开，毫无私见。从前是国术馆令练习所报名，此次扩大范围，凡在本市练习国术，有一技之长者都可报名参加，以期拔取真才。总之，市考表现国术精神，要有组织、有纪律，团结一致，如弟如兄，万勿各分派别，互相嫉妒。预试录取者，离正试尚有半月时间，要积极努力，一显身手。未经录取者，亦须努力练习，以期将来，幸勿颓废。正试时，尚请山东省韩主席担任名誉考试委员长，及山东国术馆几位评判莅场，应试员更须努力[②]。

① 国术市考今日预试［N］. 青岛时报，1935-6-2（6）.

② 昨日国术预试市长对应试员训话［N］. 青岛时报，1935-6-3（6）.

4 日晚，考委员会于国术馆教务室举行第五次会议。议决寄宿办法及宿舍规则，合并改称应试员须知；应试员号码、制服、纪念章，12 日领取，登记寄宿；各股拟定招聘干事名单。临时动议，聘陈盛甫、王海亭为评判员；正试分六场同时进行；秩序册印制考试委员长沈鸿烈像，考试副委员长胡家凤像，全体职员姓名一览，开幕仪式，各项考试程序，各项表演程序，闭幕仪式，应试员分组总表，应试员姓名号码对照表，各项成绩记录表，国术市考规程及细则，应试员须知；学科考试 9 日早 7 时至 9 时，在市府礼堂进行①。

9 日上午，国术馆召集各小学参加国术团体操学生于体育场预演。沈市长、雷局长等莅场参观。参加会操者 50 所学校 1980 人。演毕，沈市长简单训话，希望全体注意整齐、精神，正式表演有更好表现②。

青岛市第三届国术市考，大会名誉考试委员长李烈钧、韩复榘，名誉考试委员葛光庭、姚以价、张联阶、程希贤、韩多峰、葛金章、过之刚、李先良、李毓成、储镇、王时泽、雷法章，考试委员长沈鸿烈，副委员长胡家凤，委员袁荣炎、宋君复、董沐曾、宋国模、向宗鼎、崔宝瑛、张贻先，总裁判窦来庚，副总裁判周亚青、向宗鼎，拳术评判员田丕侠、潘雪峰、马钰山、韩剑秋，长兵评判员周亚青、宋国模、蔡明、陈盛甫、赵化程，短兵评判员葛群、宋君复、王海亭、傅宝瑞，摔角评判员李传忠、常秉毅、张孝才，女子评判员阎梅，学科评判员袁荣炎、王荣年、卓景乾、邹树槐，团体会操总指挥李传忠，报告员鲍东生，总务部主任向宗鼎，文书股长臧翔枢，干事 4 人；会计股长臧醒吾，干事 2 人；事务股长杨庆先，干事 6 人；招待股长高静波，干事 6 人；宣传股长邹树槐，干事 13 人；奖品股长宋国模，干事 2 人；卫生股长赵师震，干事 4 人；纠察股长孙秉贤、朱子铭，干事 3 人；表演股长韩冠洲，干事 3 人；考务部主任张贻先，注册股长崔秉彝，干事 4 人；布置股长宋玉泉，

① 第三届国考委会举行第五次会议［N］. 青岛民报，1935-6-6（6）.

② 国术市考国术团体操昨午预演［N］. 青岛时报，1935-6-10（6）.

干事 4 人；记录股长臧醒吾，干事 20 人；检察股长韩冠洲，干事 7 人①。

11 日，于国术馆召开考委会、职员联席会，布置工作，分头办理。考试期间，民众自由参观。国术市考女子应试员，第五十二所赵桂芳，第三十五练习所齐秀兰，第六十六练习所纪云凤、于彩霞、宋桂芝，国术馆女子练习班王翠英、石秀兰、张文种、张文秋、李奎英、刘俊芳、李桂英、王培真②。（图 2-25）

图 2-25　1935 年青岛第三届国术市考国术馆女子组全体选手合影
（采自《青岛民报》1935 年 6 月 17 日第 6 版）

第三届国术市考原定 6 月 15 日开幕，会期五天，19 日闭幕。因应试员大多工作繁忙，考委会将会期缩短为 15 日、16 日两日③。

13 日，窦来庚率领山东国术馆来青表演童子组一行 31 人抵青，带来大宗奖品。14 日上午，考委会于汇泉体育场召开评判委员会议，讨论评判事宜。添聘济南国术名家林玉田为拳术评判员，李培义为摔角评判员④。

15 日晨，青岛第三届国术市考于汇泉体育场开幕。是日天阴微雾。6 时许，大会全体职员、应试员及各校选手陆续到场。中央委员李烈钧、市党部李先良、胶路委员长葛光庭，及各机关团体代表 200 余人出席。8时许，考试委员长沈市长偕韩主席，及姚以价、张联阶两将军莅场⑤。各中小学学生及观众，密布看台之上⑥。

① 国术市考筹委会聘定考试时各部职员［N］. 青岛时报，1935-6-11（6）.
② 国术市考考委会职员联席会议［N］. 青岛时报，1935-6-13（6）.
③ 国术市考会期缩短［N］. 青岛时报，1935-6-14（6）.
④ 国术市考今日开幕［N］. 青岛时报，1935-6-15（6）.
⑤ 国术市考大会开幕之盛况［N］. 青岛时报，1935-6-16（6）.
⑥ 第三届国术市考昨晨在体育场举行［N］. 青岛民报，1935-6-16（6）.

8 时半，全体应试员、表演员齐集东主席台前，奏乐升旗。沈委员长致开幕辞，李烈钧、韩复榘相继致辞。9 时半摄影后，小学生 2000 人国术团体会操表演[①]。山东国术童子组参加表演，公安局军乐队伴奏，场上气氛令人兴奋，观众掌声不绝，博得各界人士好评[②]。10 时 50 分，比赛开始[③]。

大会会场门前交插党国旗，上悬“青岛市第三届国术考试大会”白布横额，场内满缀旗帜，迎风招展，颇为庄严。比赛场在田径场内，用彩布短栏围成八个小场，以便分别比试表演。主席台装有播音机一座，报告员随时报告节目，播放各种音乐。

参加正试者 321 人，其中女子 13 人。15 日预赛，龙争虎斗，紧张异常。男子长兵、短兵、拳术（散打）、摔角，各分甲乙丙三组按程序预赛完毕[④]。

16 日上午，各项目决赛。山东国术童子组于主席台前表演（图 2–26）。是日虽大风怒号，细雨蒙蒙，应试员仍精神抖擞，勇气百倍。民众张伞到场参观，四周看台拥挤。中午 12 时，决赛完毕[⑤]。术科、学科总分优胜者，共录取武士 20 名。其中男子 15 名，第 1 名钟寿山，第 2 名邱甲凤，第 3 名王鸿书，第 4 名赵殿英，第 5 名刘慎思，第 6 名陈玉珍，第 7 名王守成，第 8 名王锡海，第 9 名

图 2–26　1935 年青岛第三届国术市考济南童子组表演留影
（采自《青岛民报》1935 年 6 月 17 日第 6 版）

①③④ 国术市考大会开幕之盛况［N］. 青岛时报，1935–6–16（6）.

② 第三届国术市考昨晨在体育场举行［N］. 青岛民报，1935–6–16（6）.

⑤ 国术市考昨已结束［N］. 青岛时报，1935–6–17（6）.

韩松山，第10名孙秉连，第11名钟振乾，第12名萧敬圣，第13名韩树增，第14名万可德，第15名白学智；女子5名，第1名齐秀兰，第2名石秀兰，第3名王翠英，第4名李奎英，第5名刘俊芳。术科单项，男子组录取34名，其中长兵9名，第1名白学智；短兵7名，第1名韩松山；拳术8名，第1名刘慎思；摔角10名，第1名周作桢。女子组录取9名，长兵3名，短兵3名，拳术3名。长兵、拳术两项冠军均为石秀兰，短兵第1名为李奎英。学科考试，15日晚7时，于市立中学举行，录取男女4名。第1名王木桂，第2名齐士煦，第3名王鸿书，第4名王翠英①②。

下午天气放晴，观众纷至，大会继续进行表演。3时20分，全体职员、考试录取各员，及山东国术童子组，齐集主席台前，在悠扬军乐声中举行闭幕典礼。沈市长、窦总裁判长先后致辞。全体摄影后，沈市长亲自发奖，领奖各员莫不喜形于色。4时30分闭幕典礼结束③。（图2–27）

图2–27　青岛第三届国术考试留影
（采自《青岛画报》1935年第15期）

①③ 国术市考昨已结束［N］. 青岛时报，1935-6-17（6）.
② 青岛市第三届国术考试闭幕［N］. 天津益世报，1935-6-19（6）.

山东国术馆教务主任兼第三路军总指挥部国术教官潘鸿祥评价，青岛第三届国术市考，应试员有组织有训练，各项比赛均有良好表现，殊为难得[①]。

18 日晨，窦来庚率领山东国术童子组，乘车返济。青岛市各机关及国术馆职员到站欢送。山东国术童子组成员身背沈市长赠予大刀，精神活泼。7 时整，于道别声中离青西返[②]。

7 月 14 日，国术馆将山东省主席韩复榘奖给青岛市参加表演童子组大洋 400 元，交发童子组各位家长[③]。

青岛第三届国术市考圆满闭幕，考委会函谢社会各方赞助[④]。12 月，青岛国术馆印制《青岛市第三届国术市考总报告》，分发社会各界，以资纪念[⑤]。

第四节　全国国术表演与竞赛活动

一、浙江国术游艺大会

1929 年，浙江国术馆发起国术游艺大会，电请青岛市遴选国术人才与会。

10 月 1 日，市府训令财政局，批准市国术馆函请拨发赴浙参加国术游艺会人员旅费。国术馆选定 15 人，市府改为 10 人，每人津贴 20 元，共 200 元[⑥]。11 月 1 日，国术馆到财政局领取此项经费[⑦]，按 16 人报名

① 山东国术馆童子军定今晨返济［N］. 青岛时报，1935-6-18（6）.
② 山东国术馆童子组昨晨返济［N］. 青岛民报，1935-6-19（6）.
③ 国术馆颁发童子奖金［N］. 青岛时报，1935-7-16（6）.
④ 国术考委会函谢各方［N］. 青岛时报，1935-6-19（6）.
⑤ 山东省档案馆馆藏档案，档案号：J110-01-0487-011.
⑥ 青岛市档案馆馆藏档案，档案号：B0029-001-04433-0009.
⑦ 青岛市档案馆馆藏档案，档案号：B0029-001-04433-0015.

与会。11 月上旬，青岛国术选手偕同窦来庚率领的山东国术选手，由海道南下过沪，转赴杭州[①]。

青岛国术馆制赠银盾一具，选派杨明斋、高凤岭、谌祖安、纪雨人、高作霖、韩冠洲、纪炎昌、祝正森、刘英华、高纶士、邱宝林、栾秀云、郑金娜、高守武、王旭东、张品三 16 人与会，参加表演比赛[②]。高凤岭担任评判委员，谌祖安、杨明斋担任检察委员。

大会竞赛活动包括拳械表演和擂台赛两大项。11 月 16 日开赛，26 日结束，立时 11 天。前 4 天为拳械表演，后 7 天为擂台赛。参加表演者 250 余人，其中女子四人，王庭莹（宁波人，24 岁）、赵飞霞（南京人，16 岁）、郑金娜（青岛人，11 岁）、栾秀英（云，福山人，18 岁），均表演拳械[③]。（图 2-28、图 2-29）

图 2-28　栾秀云女士遗照
（采自《浙江国术游艺大会汇刊》）

图 2-29　郑金娜女士遗照
（采自《浙江国术游艺大会汇刊》）

① 考选国术人才纪要［J］. 山东教育行政周报，1929（65）：17-19.
② 浙江国术游艺大会. 浙江国术游艺大会汇刊［M］. 1930：216，320-321.
③ 浙省国术会开幕［N］. 申报，1929-11-17（11）.

11 月 18 日，邱宝林表演埋伏拳，高绝士表演黑虎拳，郑金卿（娜）表演六路查拳，栾秀英（云）表演少林拳，祝正森表演筱虎燕（小呼延），施（纪）炎昌表演五郎拳，高守武表演太乙拳，高作霖表演五形拳，纪雨人表演孙膑三十二手，王旭东表演太乙醉拳，张品三表演六角式，谌祖安表演少林拆，韩冠洲表演太乙醉拳，刘英华表演太乙猴形拳，杨明斋表演孙膑拳，刘英华、韩冠洲表演对打太乙猴形拳，纪雨人、高作霖表演对打三十二手，王旭东、韩冠洲表演对打太乙醉拳。

19 日，邱宝林表演奇（戚）门十三剑，刘英华表演金刚圈，高绝士表演三截刀，郑金娜表演护手行钩，栾秀英（云）表演吕祖剑，刘英华表演金箍棒，张品三表演六合枪，高守武表演缠丝刀，纪炎昌表演少林枪，祝正森表演太极刀，纪雨人表演奇（戚）门剑，韩冠洲表演六合刀，王旭东表演八卦双刀，刘英华表演地躺（趟）坤龙单刀，高守武表演五祖枪，张品三表演护手行钩，韩冠洲表演奇（戚）门十三剑，王旭东表演单打三节棍，刘英华表演地躺（趟）坤龙双刀，祝正森、纪炎昌表演大刀进枪，纪雨人、高作霖表演缠丝枪，刘英华、王旭东表演对劈单刀，韩冠洲、谌祖安表演单刀进枪，杨明斋、纪雨人、高作霖表演父子三杆枪，祝正森、纪炎昌表演月牙铲进枪、刘英华、王旭东表演拐子单刀进枪，杨明斋、纪雨人表演对刺剑，高作霖、谌祖安表演大刀进枪，刘英华、韩冠洲表演滚单刀进枪，纪雨人、高作霖、高绝士表演空手夺双枪，韩冠洲、谌祖安表演三节棍进枪，刘英华、王旭东表演护手钩进枪，杨明斋、高作霖、纪雨人表演双刀破双枪。

20 日，栾秀英（云）表演剑术，高绝士表演单刀，王昶（旭）东表演八卦大刀，郑金娜表演双刀，韩冠洲表演剑术，刘英华表演单刀，高云峰表演单刀，高作霖、纪雨人、杨明斋表演大刀破单刀，谌祖安、高作霖表演大刀进枪。

22 日下午比试结束后，邱宝林、高绝士表演对拳，刘英华表演太乙猴拳，高守武表演太乙猴形拳，高凤（岭）、刘英华对打太乙醉猴拳，窦峰山（来庚）、韩冠洲、邱景炎三人表演对打散手，王旭东、刘英华表演对劈刀，杨明斋、纪雨人、高作霖表演三杆枪，韩冠洲表演六合刀，王旭东、刘英华表演护手钩进枪，杨明斋、纪雨人、高作霖表演双刀破双枪。

24 日比试结束后，谌祖安表演单打三节棍，纪雨人、高作霖表演对枪，邱宝林表演罗汉拳，高纶士表演埋伏拳。

25 日上午，高纶士表演形意拳，邵（邱）宝琳（林）表演四路查（拳），刘英华表演金箍棒，郭（郑）金娜表演形意剑，祝正森表演埋伏拳，王旭东表演太乙醉拳，高守武表演金刚拳，刘英华表演三义大刀，韩冠洲表演六合单刀，邵（邱）宝琳（林）表演单刀，高纶协（士）表演纯阳剑，王旭东表演三节棍，刘英华表演蹚地（地趟）滚龙刀，高作霖、纪雨人表演缠脖枪、心意四把，杨明斋、韩冠洲表演五虎枪，刘英华、王旭东表演拐子刀进枪，纪雨人、高作霖表演缠丝刀，刘英华、韩冠洲表演滚刀进枪，纪雨人表演对劈剑，谌祖安、韩冠洲表演三节棍对枪，杨明斋、高作霖表演大梢子进枪。下午，谌祖安表演齐（戚）门十三剑，高凤岭表演太乙单刀[①]。

擂台赛报名 125 人，实际参赛 109 人。在监察委员指挥与监督下，以摇龙珠方式，将参赛选手分为 4 个大组。划定预赛、初赛、复赛、大决赛和冠亚季军争夺赛等总计 18 轮，采用两人对抗淘汰制。预赛胜者进入下一轮复赛，败者将被淘汰出局而告终；第二轮比赛平局者，双方再战；第三轮是预赛中未胜者复赛；经过三轮较量，剩下所有选手进入第四轮大决赛淘汰赛。大决赛淘汰赛胜者，进入多轮决赛；负者进入多轮复赛。最后进行总决赛。

青岛选手杨明斋、谌祖安、纪雨人、高作霖、韩冠洲、纪炎昌、祝正森、高守武、王旭东参加比赛[②]。

参赛者分为四组，第一、二、三组各 32 人，各为 16 对，第四组 16

① 浙江国术游艺大会．浙江国术游艺大会汇刊［M］．1930：212–243.

② 浙江国术游艺大会．浙江国术游艺大会汇刊［M］．1930：278–279.

人，为 8 对。高守武分在第一组，韩冠洲、谌祖安、纪炎昌、祝正森、高作霖分在第二组，纪雨人、杨明斋分在第三组，王旭东分在第四组。

21 日，第一组，高守武对打韩其昌，高守武习猴拳，已具数十年功夫，此次所使为大圣拳；韩其昌则为形意拳，功力不弱。双方交手，心领神会。高守武笑容可掬，韩其昌彬彬有礼。至格击时，勇往不退，全场观众鼓掌赞美。第一次三分钟赛毕，不分胜负。休息三分钟，继续比试。两人乃贾余勇，再接再厉，交手至 60 余合，不分胜负如故。再休息三分钟，作第三次比试，高守武以一腿获胜。第二组，祝正森对打刘崇骏，祝正森胜；高作霖对打余先堂，高作霖胜；韩冠洲对打丁秀溪，丁秀溪胜；纪炎昌对打陈敬承，陈敬承胜。

22 日下午，第三、四组比试，第三组多有未到者。23 日，纪雨人对打章殿卿。章殿卿勇猛，纪雨人矫健。两人互钩（勾）互跌，终至一同倒地。经评判员判定，作为并手（双胜），乃携手至摄影机前，合摄一影。两君武艺卓然不群，武德亦堪敬佩；王旭东对打王建东。建东为南通大学国术团团员，旭东为青岛国术馆馆员，姓名既如弟兄，功力亦能匹敌。双方均取下路，互相防守，互相趋避。迨时间已届，作为并手。

24 日，纪雨人对打李一鸿，纪雨人胜。下午第一次复试，祝正森对打林荣星，祝正森胜；纪雨人对打邱景炎，邱景炎胜；高作霖对打闻学桢，高作霖胜；高守武对打袁伟，高守武胜；纪雨人对打林荣星，纪雨人胜。

26 日，优胜者 26 人决试。高守武弃权未到。祝正森对打曹宴海，曹宴海胜；高作霖对打袁伟，袁伟自退，高作霖不战自胜；朱国禄对打纪雨人，朱国禄胜。决赛负者 12 人，再行比赛。纪雨人对打张孝才，张孝才胜；祝正森对打王云鹏，祝正森胜。初决胜者 12 人，再决得胜者 5 人，共 17 人，再行复试。祝正森对打岳侠，岳侠胜；高作霖对打尚振山，高作霖胜。负者 8 人再试。祝正森对打李庆澜，祝正森胜。第三次决赛，二决胜者 8 人，二决后负者决试得胜者，共 12 人再行决赛。祝正森对打章殿卿，章殿卿胜；高作霖对打曹宴海，高作霖胜。负者 6 人比试，祝正森对打朱国禄，朱国禄胜。三决胜者 6 人，加入负者决胜 3 人，共 9 人比试。高作霖对打胡凤山，胡凤山胜。四决负者加入三决负者，共为 6 人比试。祝正森对打韩庆堂，韩庆堂胜；高作霖对打宛长胜，高作霖因伤未试[①]。

随着比赛轮次增加，激烈程度不断加剧。经过激烈争夺，决出 30 名优胜者。青岛选手祝正森，名列第 9，获最优等，得奖金 250 元；高作霖名列第 11，获优等，得奖品宝剑一把；纪雨人名列第 22，获中等，得奖品手表一只；高守武名列第 26，获中等，得奖品手表一只[②]。

浙江国术游艺大会之后，青岛国术代表队还参加了上海国术比赛[③]。（图 2–30）

图 2–30　1929 年青岛市国术馆欢迎赴浙参加全国国术游艺会人员合影（采自《青岛武林百年》）

二、第五届全运会国术表演比赛

1933 年 10 月 10 日至 20 日，第五届全运会在南京举行。国术竞赛设拳术、摔角、器械（刀剑枪棍）、射箭、弹丸、踢毽、测力 7 种锦标。选手按体重分为三级，重量级 181 磅以上，中量级 141 至 181 磅，轻量级 140 磅以下。拳术、摔角、器械比赛采取淘汰制[④]。

① 浙江国术游艺大会. 浙江国术游艺大会汇刊［M］. 1930：212–252.

② 浙江国术游艺大会汇刊［M］. 1930：298–300.

③ 国术馆昨举行新馆落成典礼盛况［N］. 青岛民报，1934–12–24（6）.

④ 全国运动大会总报告国术规则［M］. // 民国史料丛刊. 第 1125 卷. 1933，1125：90–91.

9月3日，青岛国术馆考拔国术选手，崔秉彝、向禹九、高云峰担任评判员[①]。国术选手确定后，逐日于国术馆训练[②]。

青岛市参加南京第五届全国运动会，国术指导员向宗鼎，管理员韩冠洲[③]。向宗鼎应邀担任管签及分组评判员。青岛18名选手参加对抗比赛，未参与表演项目[④]。（表2-9）

表2-9　青岛市国术选手一览表

姓　名	级　别	参加项目
郑绍仙	重量级	拳术　测力
王永彬	中量级	拳术
尹馨山	中量级	拳术
刘汉洪	中量级	刀术　枪术
滕文焴	中量级	拳术
田鸿业	中量级	枪术　刀术　棍术　剑术
李振邦	中量级	摔角　测力
张华峰	中量级	枪术　剑术
郝鸿勋	中量级	刀术　枪术
江志桂	中量级	摔角　测力
马振华	中量级	摔角
孙玉秀	中量级	摔角
陈学德	中量级	摔角
徐汉臣	轻量级	枪术　剑术
孙秉刚	轻量级	拳术
祝正森	轻量级	枪术　刀术　棍术　剑术
刘希维	轻量级	摔角
林锦亭	轻量级	拳术

① 国术馆考试参加全运会选手［N］. 青岛民报，1933-9-2（6）.

② 中央国术考试改期举行［N］. 青岛时报，1933-9-20（6）.

③ 全国运动大会总报告大会之部分［M］. // 民国史料丛刊. 第1125卷. 1933：18.

④ 全国运动大会总报告各组股工作报告［M］. // 民国史料丛刊. 第1125卷. 1933：124-125.

青岛选手制服整齐划一，为市府配发。沈鸿烈市长于选手出发前，耳提面命，注重体育道德及体育精神。无论与赛胜负，得分与否，归来一律各赠银盾一座，以为奖励[①]。

12日，击剑（剑术）比赛，系用皮制假剑，剑上涂以红土，能以剑触及对方而着红印者为胜。比赛时，多数赛员，因个人误将自剑上红色触自己衣服，而遭失败。田鸿业竟个人自杀三次之多[②]。男子枪术预赛，颇有可观。绥远选手枪法，多操阴亮枪（一名缠枪），甚为灵活，精敏异常。此术为古人传授，已有300余年历史。轻量级比赛，祝正森迎战绥远刘思绶。虽祝正森矫捷，亦无可奈何[③]。

14日上午，男子中量级摔角预赛第七场，孙玉秀对周骏（四川）。几番交手，孙玉秀被周骏扯破一只青色裤脚。一条白腿，一个黑脚，惹得全场捧腹大笑。加之四川选手不会摔角，只会搬腿，孙玉秀两次被周骏引诱上当，结果大败[④]。

比赛结果，拳术重量级第1名王永彬获银杯一只，第3名郑绍先（仙）获旗帜一面；轻量级第1名林锦亭获银杯一只，第3名孙秉刚获旗帜一面。刀术中量级第1名郝鸿勋获银杯一只，第2名田鸿业获银盾一座；枪术中量级第2名田鸿业获银盾一座，第4名郝鸿勋获湖笔两盒；剑术中量级第4名张华峰获湖笔两盒；棍术轻量级第1名祝正森获银盾一座。测力第4名王永彬获湖笔两盒[⑤]。男子拳术夺得锦标，获银杯一只，银盾一座[⑥]。总分名列第3[⑦]。

---

① 全国运动大会总报告大会之部分［M］. // 民国史料丛刊. 第1125卷. 1933：128.

② 击剑比赛自杀多［N］. 申报，1933-10-13（20）.

③ 男子枪术较量预赛［N］. 申报，1933-10-14（16）.

④ 京胜拳术决赛［N］. 申报，1933-10-15（19）.

⑤ 全国运动大会总报告各组股工作报告［M］. // 民国史料丛刊. 第1125卷. 1933：98.

⑥ 全国运动大会总报告各组股工作报告［M］. // 民国史料丛刊. 第1125卷. 1933：94.

⑦ 男子国术［N］. 申报，1933-10-19（14）.

三、第二届国术国考

第二届国术国考，1933年10月21日至30日，于南京公共体育场举行。参加名额以30人为限。青岛国术馆令饬所属练习所积极挑选，准备届期参加[①]。

9月3日，遵照中央国术馆《国术考试条例》第三条丙项，国考须由省市考选，经省市政府保送者，始得参加考试之规定，青岛国术馆将前两届市考所取武士复行考验一次，拔取选手18人与赛。12日，市府抄附青岛市参加第二届国考人员名单，咨送中央国术馆报名。青岛市保送参加第二届国考人员为郑绍先（仙）、滕文煹、田鸿业、李振邦、张华峰、郝鸿勋、江志桂、马振华、孙玉秀、陈学德、徐汉臣、孙秉刚、祝正森、林锦亭、刘希维、王永彬、尹馨山、刘汉洪[②]。国术指导员向宗鼎，管理员韩冠洲[③]。刘汉洪因故未在名单之列。（表2-10）

表2-10　青岛市应试员履历一览表[④]

姓名	年龄	籍贯	出身	任职	所习拳械	业师	临时通信	永久通信
祝正森	35	山东即墨	工业		小虎燕（呼延）十字长拳 太极刀	王玉鹏	青岛市国术馆	青岛上海路裕德里
田鸿业	30	河北任丘	商界	山东硝矿局驻青办事处稽查长	形意拳	孙汝江	青岛市国术馆	河北任丘县
江志桂	29	山东即墨	学界	国术练习社所长	枪刀棍剑拳等	杨明斋 杨子彬	青岛市国术馆	青岛市外四方北山二路内外绵华工宿舍

① 国术馆准备参加国术考试［N］. 青岛民报，1933-8-20（6）.

② 青岛市政府咨［J］. 市政公报，1933（50）：103-106.

③ 各单位职员［N］. 申报，1933-10-10（36）.

④ 青岛市应试员履历一览表［M］. // 中央第二届国术国考专刊. 1934.

（续表）

姓名	年龄	籍贯	出身	任职	所习拳械	业师	临时通信	永久通信
陈学德	33	山东莱阳	学界	国术练习社所长	少林拳六合枪吕祖剑形意拳查拳孙膑拳	杨明斋	青岛市国术馆	青岛市国术馆
李振邦	23	山东即墨	商界	体育会办事员	地功拳形意拳长拳	李忠先	青岛市国术馆	即墨县李家町
郝鸿勋	30	山东平度	农界	私塾学5年	长拳地功拳枪刀棍剑	郝清桂	青岛市国术馆	平度东关后巷子德生号
王永彬	32	山东益都	学界	青岛港务局工务科	罗汉拳各种器械	李清溪	青岛市国术馆	青岛市外沧口松柏路5号第三十六练习所
郑绍仙	32	山东章邱	工人	四方机厂	地功拳长拳枪刀棍剑	李清溪	青岛市国术馆	四方机厂
徐汉臣	23	山东莒县	学界	商业	弹腿查拳各种器械	沙吉甫	青岛市国术馆	青岛市聊城路东升里
孙秉刚	30	山东即墨	学界	公共汽车行查票员	梅花长拳	杨子彬	青岛市国术馆	青岛黄台路市立小学
孙玉秀	27	山东即墨	学界	中华武术会办事员	弹腿查拳各种器械	沙吉甫	青岛市国术馆	青岛市潍县路泰兴里院顺泰成
张华峰	27	山东文登	学界		太祖长拳	张寰翥	青岛市国术馆	青岛外小村庄70号
林锦亭	27	山东文登	商界		少林长拳	张寰翥	青岛市国术馆	青岛外小村庄70号
尹馨山	37	河北深县	商界		少林拳	高云峰	青岛市国术馆	河北深县溪村镇
马振华	29	工业	商界	青岛市国术馆练习所	太祖长拳枪刀棍剑	孙玉廷	青岛市国术馆	青岛市外四北山二路内外绵华工宿舍
滕文煒	26	青岛	学界	青岛市赵记汽车行司机	地功拳埋伏拳孙膑拳枪刀棍剑	李忠先杨明斋	青岛市国术馆	青岛市四方西村前街德生祥
刘希维	29	青岛	工业		地功拳长拳摔角刺枪劈剑枪刀棍剑		青岛市府	

比赛结果，拳术甲等取13名，江志桂第3名，马振华第13名；乙等取12名，陈学德第6名，郝鸿勋第11名，王永彬第12名；丙等取20名，祝正森第20名。短兵乙等取6名，王永彬第5名；丙等取32名，马振华第31名[①]。孙玉秀、滕文焴、尹馨山正试及格[②]。张振华、孙秉刚、郑绍先、林锦亭、徐汉臣5人，取中正试及格，未考学科[③]。

青岛市参加第五届全运会国术选手，于大会闭幕后，又参加第二届国术国考[④]。向禹九于10月30日返青[⑤]。国术选手一行，11月2日晚乘火车抵达济南，当日搭车返青，3日下午6时半返回青岛[⑥]。国术馆职员到站迎接。选手下车，精神焕发，乘坐备就之两辆公共汽车同赴国术馆。选手所得奖品甚多，约值千余元。山东省主席韩复榘赠予国考大银炉，为青岛选手得来[⑦]。

第五届全运会及第二届国术国考，青岛市选手名列前茅，载誉归来，非但青岛市国术界之荣耀，亦为青岛市增光。11月5日上午，国术馆举行慰劳会。沈市长、胡秘书长、教育局雷局长、公安局王局长、各市区联合办事处主任、体育界人士与记者莅会。国术馆职员盛意接待。各色奖品数十件陈列会客厅，琳琅满目。如仪开会后，向禹九报告参赛经过，继由沈市长致辞，全体摄影。出席两项赛事的选手及国术馆摔角班、练习班学员依次表演[⑧]。海军学校训育主任张英奇率领学员十余人前往参观[⑨]。

---

① 中央国术馆二十二年第二届国术国考术学科成绩册［M］. // 中央第二届国术国考专刊. 1934.

② 中央国术馆二十二年第二届国术国考正试及格册［M］. // 中央第二届国术国考专刊. 1934.

③ 中央国术馆二十二年第二届国术国考中正试及格未考学科者［M］. // 中央第二届国术国考专刊. 1934.

④ 本市国术选手今晚凯旋归来［N］. 青岛民报，1933-10-29（6）.

⑤ 参加国考拳术全列名［N］. 青岛时报，1933-11-1（6）.

⑥ 国考选手昨晚荣归［N］. 青岛民报，1933-11-3（6）.

⑦ 本市国术选手昨晚载誉归来［N］. 青岛时报，1933-11-3（6）.

⑧ 本市国术馆昨晨举行慰劳会［N］. 青岛民报，1933-11-6（6）.

⑨ 海军学生参观参加国考学生表演［N］. 青岛民报，1933-11-7（6）.

向禹九报告参赛经过之余，言及未来愿景。青岛国术于拳术、器械两项已具相当程度，摔角、搏击（拳击）尚处幼稚，射箭、弹丸、踢毽从未练习，女子国术处于落后。嗣后当积极提倡，以免畸重畸轻之弊。本市拳师知识欠充，用作学校教师尚不适宜。国术馆拟添招（摔角）师范班，名额 20 人，须中学毕业资格，具有拳术根底。毕业后请教育局全数录用，分任各校国术教员，以作干部人才。他如编辑专书，改良教学，延揽人才，扩充房屋操场，以保持声誉。

沈市长致辞强调，此次国考有文科一项，参赛选手感觉不快。实则练习国术者，对于普通文字应加以练习。因欲打破新旧体育隔膜，应使文字沟通。欲求国术精奥，尤应注意学理。文科对于提高国术地位，亦很重要①。

慰劳会后，国术馆为激励国术学员，引起市民关注，决定举行游艺大会。11 月 11 日，国术馆通知所属练习所所长，15 日前报送参演名册②。国术表演会，19 日上午 9 时，于汇泉体育场举行。国术馆函知各机关团体，并欢迎社会各界人士自由参观③。

国术馆所属练习所报名者，市内 18 所，台东 9 所，沧口 12 所，四方 10 所，薛家岛 1 所，共 54 个练习所 600 余人参演。计单拳 170 余项，对拳 60 余项，单器械 160 余项，对器械 110 余项，共 500 余项。因时间关系，分两个场地同时进行。其中有女表演员 3 人，第六十七练习所王文贞，第十八练习所张文秋，第二十八所刘爱美。国术馆摔角班上午表演摔角，下午表演大刀。国术馆职员亦参加表演④。

因此日为星期日，前往参观者 3000 余人，会场四周看台人满为患。沈市长、胡秘书长、雷局长到会参观。数百名演员个个精神活跃，依次

---

① 本市国术馆昨晨举行慰劳会［N］. 青岛民报，1933-11-7（6）.

② 国术馆函请市府推选一董事［N］. 青岛民报，1933-11-12（6）.

③ 国术馆举行国术表演会［N］. 青岛民报，1933-11-15（6）.

④ 国术表演会［N］. 青岛民报，1933-11-18（6）.

进行。11时半，国术馆摔角班团体表演摔角式及摔角。午餐后稍事休息，1时继续表演，观众更加拥挤。演员老者60岁以上，幼童10岁以下，表演项目精彩倍出，令人叹服。中华小学邹氏三同胞，及商会宋雨亭主席小女公子宋之珍，演来亦令人瞩目。青岛国术之盛，可见一斑。至3时半表演竣事。

胡秘书长观演后感言，青岛国术馆及练习所有组织有系统，非他处能及。向禹九亦谓，较之齐燕会馆第一届国术市考，青岛市国术进步迅猛，各练习所均有杰出人才[①]。

四、第六届全运会国术表演比赛

1935年7月下旬，青岛市府接到第六届全运会筹委会函送国术比赛规则和国术注册表[②]。国术项目分男女两部。男子15项，分单人拳、对手拳、单器械、对器械、重量级摔角、中量级摔角、轻量级摔角、射中、射远、弹丸、盘踢、交踢、重量级测力、中量级测力、轻量级测力；女子因摔角、测力不分量级，故减少4项，计11项。男女各项拳术、器械为表演，其他各项均为比赛。每单位每项限报4人或4对，每人限报4项。为选拔选手，早日训练备赛，国术馆通知各练习所，并发布公告，7月28日至8月18日到馆报名，以便定期考选[③]。

9月1日上午，国术馆于本馆操场举行第六届全运会选拔赛[④]，决定选取男子重量级摔角郑绍仙、李振邦，中量级摔角高芳先、杨为秀、王立珂、周作桢，轻量级摔角谭祖秀、杨为博、刘作民、马金海，拳术孙玉君、萧鸿义、郝吉轩、李世基，器械王书斋、萧鸿义、郝吉轩、李世

① 国术表演会之盛况［N］. 青岛民报，1933-11-20（6）.

② 青岛市政府训令［J］. 市政公报，1935（72）：275-276.

③ 国术馆准备参加全运［N］. 青岛时报，1935-7-27（6）.

④ 国术馆今日拔取选手［N］. 青岛时报，1935-9-1（6）.

基，对拳朱德卿、萧鸿义、孙玉君、郝吉轩，对器械蓝信成、孟广增、朱德卿、王书斋，射箭王传恩、李振邦 19 人，女子齐秀兰、姜爱兰、王翠英、石秀兰 4 人，于 4 日晚开始集中训练。栾秀云因受刺激，在家闭门不出[①]。9 月上旬，国术馆接到全运会国术比赛规程，即按规程备赛[②]。（图 2–31）

图 2–31　参加第六届全运会青岛国术女杰
（采自《青岛画报》1935 年第 19 期）

9 月 16 日，青岛国术馆向第六届全运会筹委会发出电报，提出四项建议[③]。本届大会章程，关于国术选手资格问题，明文规定为业余。青岛市尊崇大会章程挑选国术选手，完全以业余资格为限，十之八九为国术馆学生。其他单位选手，对于资格似不讲求，其中有卖艺出身者，亦有现任国术教官者。以青岛市青年学生，与彼辈师资相周旋，殊欠均衡。建议大会注意选手资格审查。筹委会答复，由各单位互相检举。为维持大会纪律，青岛国术馆不愿招惹纠纷，只得含混过去。

踢毽、弹丸设于锦标分数内，青岛市未挑选此项选手，已形见绌。射箭、测力均属兼项，并未物色专门人才。河南、上海等处选手，多至三四十人。其实力大小，可想而知[④]。

10 月 10 日至 20 日，第六届全国运动会于上海举行，共 38 个单位与

① 参加全运会之国术选手已选定［N］. 青岛时报，1935–9–5（6）.
② 国术馆接到全运会国术比赛规则［N］. 青岛时报，1935–9–3（6）.
③ 青国术馆电全运会筹委会严密审查国术选手［N］. 华北新闻，1935–9–16（2）.
④ 青岛市体育协进会. 青岛市参加第六届全国运动会专号［M］. 1935：21–22.

会。国术选手男子来自 18 个单位，绥远、热河、河北、北平、陕西、河南、山东、青岛、山西、福建、江西、安徽、浙江、江苏、南京、上海、湖南、四川，女子来自北平、陕西、河南、山东、青岛、浙江、南京、上海、湖南 9 个单位。男女选手共 331 人。青岛队国术指导向宗鼎，管理李义三，男女选手 23 人[①]。（表 2–11）

表 2–11　青岛市国术选手一览表

姓　名	年龄（岁）	参加项目	团体学校
王翠英	18	拳术（单人、对手）、器械（对手）、测力	国术馆
石秀兰	18	拳术（对手）、器械（单人、对手）、射箭（射中）	国术馆
齐秀兰	22	拳术（单人、对手）、器械（单人）、摔角	国术馆
姜爱兰	17	拳术（单人、对手）、器械（单人）	国术馆
郑绍先（仙）	34	摔角（重）、测力（重）	
李振邦	25	摔角（重）、测力（重）、射箭（射中、射远）	国术馆
高芳先	21	摔角（中）、测力（中）、射箭（射远）	国术馆
杨为秀	25	摔角（中）、测力（中）、射箭（射中）	国术馆
王立珂	24	摔角（中）、测力（中）	国术馆
周作祯	25	摔角（中）、测力（中）、射箭（射远）	国术馆
谭祖秀	24	摔角（轻）、测力（轻）	国术馆
杨为博	25	摔角（轻）、测力（轻）、拳术（对）、射箭（射中）	国术馆
刘作民	21	摔角（轻）、测力（轻）、拳术（对）	国术馆
马金海	22	摔角（轻）、测力（轻）	国术馆
孙玉君	20	拳术（单、对）	国术馆
萧宏谊（鸿义）	26	拳术（单、对）、器械（单、对）	国术馆
郝祺宣	28	拳术（单）、器械（单）	国术馆
李世基	17	拳术（单、对）、器械（单、对）	国术馆
王书斋	20	拳术（对）、器械（单、对）	国术馆
朱德卿	21	拳术（对）、器械（对）	国术馆
蓝信成	23	器械（对）	国术馆
孟广增	23	器械（对）	国术馆
王传恩	22	射箭（射中、射远）	国术馆

① 青岛市体育协进会. 青岛市参加第六届全国运动会专号［M］. 1935：21–22.

比赛结果，青岛市男子国术，李世基戚门剑获单器械第1名，孟广增、蓝信成获对器械第3名，谭祖秀、刘作民获摔角轻量级第1、5名，杨百（为）博获射箭（射中）第6名，高芳先、郑绍先（仙）获测力重量级第5、6名，杨为博获测力中量级第1名，谭祖秀获测力轻量级第5名。团体总分第5名。

女子国术，姜爱兰查拳获单人拳术第2名；齐秀兰、姜爱兰对查拳，石秀兰、王翠英对进拳，分获对拳第1、2名；石秀兰六合刀，齐秀兰镇己枪获单人器械第4、6名；石秀兰、王翠英获对器械第4名。团体总分第4名①。

此次赛会，青岛市摔角选手，皆为师范班学生，训练程度均一年有余。较之其他单位选手，实力稍逊。预赛次赛颇受挫折。然能贾其余勇，败而不馁，最终夺得轻量级冠军，为人意料不及。女子摔角8人角逐，青岛仅齐秀兰一人参赛，未能进入前六名。男子射箭（射远）无有斩获，女子射箭（射中）仅石秀兰一人参赛，未能进入前六名。

青岛市国术选手，无论参加全运会，还是华北运动会，每届人选不同，其用意在于普遍运动，平均发展，不注重专门选手，以免养成骄恣习惯；使青年后进机会均等，人人有参加大会，观摩技术之希望。

向宗鼎于总结报告中述，青岛市重量、中量摔角人才尚欠缺乏，应努力训练。女子摔角，亦应提倡。男女射箭，太形幼稚。当取长补短，力图补救。兼程迈进，庶不致落人于后②。

青岛市国术选手于第六届全运会，为青岛市争得荣誉。10月24日，随本市代表团乘怡生轮返抵青岛，至晚9时进港，因风浪未能靠岸。25日，风势更烈，直至午刻傍岸③。

11月3日上午，国术馆召集全市各练习所人员及国术馆全体学员，

① 第六届全运大会是日记［J］. 体育月刊，1935，3（9）：12–44.

② 青岛市体育协进会. 青岛市参加第六届全国运动会专号［M］. 1935：21–22.

③ 国术为青市争誉不少［N］. 青岛时报，1935-10-26（6）.

报告参加第六届全运会经过，副馆长胡家凤出席。向宗鼎报告参加大会经过后，沈市长训话，申述市府提倡体育目标是为普及，提高程度，融化新旧；勉励国术人员勤修学问，排除派别，整顿练习所；今后国术馆应注重考核，比赛与赏罚，使国术与其他体育有同样发展[①]。

第五节　地区性国术表演与竞赛活动

一、第十六届华北运动会国术表演

1932 年 10 月 10 日至 13 日，第十六届华北运动会于河南开封举行。筹委会决议，本届大会增设国术表演项目。北平国术馆、山东国术馆、河南国术馆、辽宁国术馆和青岛国术馆与会。

10 月 5 日，青岛市府批准国术馆参加第十六届华北运动会国术表演，予以资助。选派人员为韩冠洲、常秉毅、杨明斋、杨庆先、田瑞五、尹玉章、纪炎昌、纪雨人、祝正森、刘英华[②]。6 日早 7 时，青岛市参加华北运动会选手乘火车出发，国术选手 10 人偕往[③]。

12 日，国术表演，韩冠洲太极拳、少林拳、六合枪、奇（戚）门十三剑、六合刀，生龙活虎。常秉毅截打，气力均到。杨明斋形意拳、孙膑剑，岳门正宗。杨庆先春秋刀、罗汉拳，气贯斗牛。田瑞五锁口枪、五路查拳、流星（锤），身法灵活。尹玉章八卦走刀、八卦伏虎剑，身手相应。纪炎昌十字拳、太极拳，动中求静。纪雨人连环拳、行钩、三截刀，技艺精妙。祝正森小虎燕（呼延）拳、单刀，刀风迫人。刘英华猴拳、乾坤圈、地蹚（趟）单双刀，行如飘风。纪雨人、韩冠洲将进拳，

① 国术馆昨召集同人报告参加全运经过［N］. 青岛时报，1935-11-4（6）.

② 青岛市政府指令［J］. 市政公报，1932（39-41）：206～207.

③ 本市选手昨晨赴汴参加华北运动会［N］. 青岛时报，1932-10-7（6）.

如龙似虎。刘英华、韩冠洲醉拳对猴拳，轻功健将。纪雨人、杨明斋对刺剑、对扎张飞枪，手眼如神。常秉彝（毅）、韩冠洲三空（节）棍进枪、大刀进枪，壮美功深。祝正森、纪炎昌大刀对枪，灵活有力。常秉彝（毅）、纪雨人对扎缠勃（脖）枪，法妙功深。杨庆先、韩冠洲单刀进枪，心心相应。杨明斋、田瑞五大刀进枪，雄风逼人。纪雨人、杨庆先缠丝枪带进枪，神气充足。常秉彝（毅）、杨庆先大梢子进枪，柔中有刚、刚中有柔。杨明斋、杨庆先、纪雨人大刀对双刀、单刀对双枪、双刀对双枪，煞是壮观。杨明斋、常秉彝（毅）大刀破枪，身法颇佳[①]。

二、第十七届华北运动会国术表演比赛

1933年，第十七届华北运动会于青岛举行。筹委会主任干事郝更生，以本届大会拟将国术列为正式运动项目，分函中央国术馆长张之江，及国术专家褚民谊征询意见。2月上旬，张褚二氏先后复函，建议严定比赛规则，免致流弊[②]。

国术竞赛究用表演或比赛，青岛国术馆致函华北各国术团体征求意见。2月上旬，青岛国术馆先后收到复函多件，山东、河南国术馆主张比赛[③]。汇集各方意见，主张表演者占有多数。遂拟具竞赛项目为摔角比赛，拳术表演，器械表演，特别技能表演四项。然其是否适宜，难以断定。适逢郝更生赴京，乃拟具意见及国术表演比赛项目理由，并抄录各单位复函，请示中央国术馆馆长张之江。嗣得函复，均蒙同意[④]。

运动项目既定，他如各单位选手名额，奖章名额，评判标准，表演方法，比赛规则，报名及运动时应行注意事项，参照中央国术馆审定之

① 第十六届华北运动会筹委会编．第十六届华北运动会总报告［M］．上海：大东书局．1932：69-70．

② 张之江褚民谊对华北会参加国术意见［N］．青岛民报，1933-2-9（6）．

③ 本届华北运动会鲁豫两国术馆主张比赛［N］．青岛民报，1933-2-5（6）．

④ 第十七届华北运动会总报告［M］．1934：129-134．

国术比赛章程，及历届国术考试先例，拟订本届华北运动会国术规程草案二十四条，及报名单[①]。经大会议决修正通过，分发各单位，依照进行。各单位参加人数不超过 16 人，每项以四名为限，一人可参加两项。

为配合第十七届华北运动会于青岛举行，青岛体育协会与教育局体委会商洽，增设讲习班、发行《体育月刊》，邀请国术馆加盟。国术馆拟就《国术概论》文稿，送交《体育月刊》刊载[②]。

2 月上旬，青岛国术馆为选拔参加华北运动会选手，召集各练习所所长会商预选参赛选手办法，确定比赛地址[③]。分令各练习所选送，并发布告周知，5 月 15 日前到国术馆报名，以便定期考验[④]。

5 月底，报名参加预选者 120 余人[⑤]。考试委员为向禹九、崔绍麟、万铁侯 3 人，所考项目分拳术、枪术、刀术、棍术、剑术、其他器械、摔角、石墩子、特别技能九项[⑥]。6 月 4 日，于国术馆操场选拔各项选手，取中 16 人，自 5 日开始训练。国术馆又增设老年组、童子组、女子组选手，每组 3 人，加紧训练，不使壮年男子独擅其美[⑦]。参赛选手，拳术刘英华、田鸿业、尹玉章、蓝信义（成），器械韩冠英、张培五、纪炎昌、黄树堂，摔角佟顺禄、王永彬、管保栋、李俊鸣，特别技能杨明斋、江志桂、王宝松、常秉毅[⑧]。国术馆指派专员指导，训诫与试员于会场严守纪律。

6 月 29 日，中央国术馆长张之江致电第十七届华北运动会筹委会总干事郝更生，原拟筹备出国赴南洋群岛宣导国术，因本届华北运动会增加国术项目，决酌带央馆学员来青于开幕时临场表演。筹委会对张之江

① 第十七届华北运动会总报告［M］. 1934：129–134.

② 体协国术联合策进［N］. 青岛民报，1933–2–18（6）.

③ 参加华北运动会本市国术馆将先期预赛［N］. 青岛民报，1933–2–9（6）.

④ 国术馆预备考验参加华运会选手［N］. 青岛时报，1933–5–4（6）.

⑤ 国术馆定期考验参加华北运动会人员［N］. 青岛民报，1933–6–1（6）.

⑥ 国术馆今日考验参加华北会选手［N］. 青岛时报，1933–6–4（6）.

⑦ 本市国术馆筹备增加老年童子女子各组［N］. 青岛民报，1933–6–7（6）.

⑧ 本市国术馆参加华北会选手已选定［N］. 青岛民报，1933–6–10（6）.

莅青表示欢迎[①]。7月初，郝更生接张之江来电，因南昌电约，急需前往，中止来青。特派央馆编审处长姜容樵代表前来，参与评判[②]。

青岛国术馆以各省市国术人员均将来青参加，为使服装旗帜划一，将式样规定一律，以资整齐而状观瞻。国术选手均着白斜纹翻领衬衣，胸前用蓝布做成（单位）二字，白灯笼裤，白运动帽，黑袜黑鞋。服装式样由青岛国术馆摄成照片多张，分函华北各省市单位筹备，以便选手着用。国术选手着用服装，胸前须有（属地）二字；领队旗帜式样，用黄绸镶水红绸边。青岛市参加团体表演人数，非选手者亦有数百人。国术馆各班学员，胸前则做（国术）二字。老年组、童子组、女子组，加紧训练，准备届时参加表演[③]。

第十七届华北运动会将国术纳入大会竞赛项目，实属创举。筹委会因设国术股，股长向宗鼎，副股长韩冠洲，干事尹玉章、王芹塘、李泽山、祝孟华、纪雨人、孙玉秀、高仲武、秘道生、徐汉臣、孙秉刚、崔治民、臧醒吾、臧翔枢、杨庆先、赵仁轩、刘英华。裁判委员拟聘中央国术馆张之江馆长为评判长，马子贞（良）、姜容樵、陈泮岭、张兆东、窦峰山（来庚）、李剑华、郎晋池为评判员。推定指挥员尹玉章、高仲武、孙玉秀、杨庆先、臧醒吾、韩冠洲，记录员王芹塘、李泽山、祝孟华、纪雨人、秘道生、崔德民、崔治民、臧翔枢、赵仁轩、刘英华，报告员纪雨人、韩冠洲，抽签员徐汉臣、孙秉刚，分司大会职务。

国术股分头工作。表演器械，名目繁多，遂开具详单，于济南、北平两处，分别订购。摔角比赛记录表，各项表演记录表，拟具格式，送总务股付印。竞赛时间及场所，经与竞赛股斟酌排列，与田径、球类参互交错。各种运动，不致抵触，且宜增加观众兴趣。

参与国术竞赛的单位有山西、河北、山东、绥远、北平、辽宁、青

---

① 中央国术馆长张之江参加华北会［N］．青岛时报，1933-6-30（6）．

② 中央国术馆馆长张之江中止参加华北会［N］．青岛时报，1933-7-5（6）．

③ 国术馆规定出具华北会服装旗帜［N］．青岛时报，1933-7-9（6）．

岛、河南，共8个单位，选手79人。一切报名手续，悉依定章办理。开会前各队先后报到。其指导领队等职，各有专人负责。大会聘定之评判长及评判员，除评判长张之江因事不克来青，由姜容樵代理，马子贞由秦余田代理外，陈泮岭、李剑华、张兆东、窦峰山、郎晋池，皆躬亲莅会，担任评判工作。

日程安排，7月12日上午，摔角比赛14人，拳术表演35人。下午，对拳11对，器械表演枪术14人，刀术17人，棍术7人，剑术15人，其他器械7人。13日上午，青岛港务局运输工人表演，器械表演。下午，青岛海军教导队单人及团体表演。14日上午，特别技能表演9人，对器械表演14对。下午，青岛国术馆摔角班团体表演大刀及摔角式，青岛保卫团团体表演。15日上午，青岛国术馆老年、女子、童子各组表演。下午，国术评判员及青岛国术馆职员表演。

7月12日至15日，第十七届华北运动会如期举行。摔角选手最负盛名者，一为北平宝善林，另一为山东李传忠。宝善林以力胜，李传忠以巧取。怎奈李传忠年龄稍长，莅场偶患晕眩，遂致弃权。不然，冠军谁属，尚未可知。青岛佟顺禄，亦系摔角健将。惜因初次参赛，即遇宝善林。交手两次未胜，无资决赛。不无屈才之叹！

拳术表演者共35人，俱功力深厚，动作娴熟。河北韩超群猴拳刚猛，技术新奇，刚柔互用，博得众人赞美。青岛刘英华太乙拳，精神贯注，手眼相关，功力独到，无懈可击。山东宫有安醉猴拳，刚猛兼济，进退自然。宫有安原系刘英华高足，竟获冠军。青出于蓝，而胜于蓝。北平张芾棠表演八极拳，山西史克让表演八卦掌，河南女选手朱瑞云表演少林拳，各有独到之处。

器械表演者共21人，其中刀枪棍剑，其他器械，及对器械等，颇属完备。青岛选手张培五表演枪术、刀术，矫健稳快，特色甚多。河北郑汝平、郭详明对扎枪，破法独具，进退适宜；女选手刘玉华表演刀术、棍术，灵活有力，技术娴熟。绥远程全忠，年逾古稀，表演黄忠刀，雄风逼人，精神矍铄。山东王子章太极剑，动静合节，进退得宜。青岛韩冠英双钩，黄树堂棍术，练法熟练，皆属痛下苦功之辈。他若纪炎昌、陈维新、孟连福枪术，林玉田刀术，史克让、韩超群棍术，梁鼎新剑术，张广聚双钩，各尽其妙。

特别技能表演，仅山东、青岛、河南三处，共 9 人。其中最引观众惊异，首推青岛杨明斋铁板桥。杨明斋年已五十，以头及腿挺身仰卧于二凳之上，腰际悬空，腹上置五六百斤重大石板，一人持三四十斤大铁锤，用力猛击。因石过厚，连击三次未开，乃换山东选手李传忠，持锤猛击。砰然一声，石裂数段。杨明斋跃身而起，谈笑自若。山东选手荣宝琨，亦演铁板桥，系身向后曲，两手支地，形若铁蹄，将石置于腹上，用锤击碎。其演法视杨明斋较难，唯石过轻，只重二三百斤。较杨明斋稍逊一筹。河南选手刘天秉，年 12 岁，双手举 40 斤重大铁锤，从容不迫，观众无不钦赏。（图 2–32、图 2–33）

图 2–32　第十七届华北运动会国术表演比赛场景之一

（采自《第十七届华北运动会总报告》）

图 2–33　第十七届华北运动会国术表演比赛场景之二

（采自《第十七届华北运动会总报告》）

14日下午，所有表演及比赛完竣，青岛市各国术团体参加表演，以助余兴。青岛海军教导队、保卫团、国术馆摔角班，及港务局运输处工人，先后表演大刀及拳脚、器械。虽技术有别，门类互异，然动作整齐，精神贯注，皆训练有素，警策动人。可谓伯仲之间，无分轩轾。

15日，青岛国术馆老年组、女子组、童子组表演拳术器械，各显身手，五花八门，目不暇接。老年组郝清桂，年60余，表演燕青拳及单刀，手眼身步，异常灵活；齐奇海须发斑白，表演长枪，态度严整，颇有古代大将风范；张克勤年逾古稀，表演拳术、器械，精神矍铄，动作自然；张鹏福表演长枪，气力均到。女子组齐秀兰、姜爱兰、钟兰英表演拳术，身手敏捷，技艺佳妙。栾秀云表演双钩，大有鸾翔凤舞之势，不愧巾帼英雄。童子组吴亨庆、张炯、高玉馨、高连级表演单刀、双刀、单拳、对拳等，跳跃灵活，身法颇佳。齐奇海、齐秀兰父女对打查拳，张克勤、陈盛甫师徒对打五手，攻守悉合，神气充足，可称双妙①②。

比赛及表演成绩，摔角录取八名，王永彬、李俊鸣分列第7、第8名。单拳录取七名，刘英华名列第2；对拳录取三名，常秉毅、韩冠英名列第1。枪术录取三名，张培五名列第1；刀术录取三名，张培五名列第1；棍术录取三名，黄树堂名列第1；剑术录取三名，韩冠英名列获第2；其他器械录取三名，韩冠英名列第1。特别技能取五名，杨明斋、常秉毅分获第1、4名。（表2-12）

① 第十七届华北运动会总报告［M］. 1934：403-411.

②《申报》1933年7月17日第14版载，青岛国术家张克勤、郝清桂、齐奇海、张鹏福，四老出演，精神满足，不减少年。郝之八仙醉刀，齐之八卦枪，张克勤之十字劈棍，张鹏福之六合枪，博得全场彩声不止。童子组钟延文年最少，年甫七龄，高玉馨、龙泉、吴恒庆、孟宪禄、马学德、张炯、高绪士等，不过十二三岁，亦有可观。女子组五人，张文清、姜爱兰、钟兰英、齐秀兰、栾秀云，均在十五岁上下。张之单刀，钟之少林剑，姜之太极剑，齐之双刀，表演颇有根基，不类柔弱女子，尤以栾之护手双钩为出色。最后，齐奇海、齐秀兰父女对打，吴恒庆、张炯白手夺枪，亦为难得。《申报》1933年7月16日第16版另载，张克勤表演五手拳。童子组林何鹏等也参加表演。

表 2–12　十七届华北运动会国术比赛及表演成绩①

名次	摔角	拳术		器械				特别技能
		单拳	对拳	枪术	刀术	棍术	剑术	
第1名	宝善林（北京）	宫有安（山东）	常秉毅 韩冠英（青岛）	张培五（青岛）	张培五（青岛）	黄树堂（青岛）	王子章（山东）	杨明斋（青岛）
第2名	张登奎（山东）	刘英华（青岛）	潘德源 程全忠（绥远）	陈维新（北平）	刘玉华（河南）	史克让（山西）	韩冠英（青岛）	荣宝琨（山东）
第3名	金胜利（山东）	韩超群（河北）	宫有安 张连举（山东）	孟连福（北平）	林玉田（山东） 王子章（山东）	韩超群（河北） 刘玉华（河南）	林玉田（山东）	崔凤岐（山东）
第4名	李传忠（山东）	张芾棠（北平）						常秉毅（青岛）
第5名	熊德山（北京）	张连举（山东）						刘天秉（河南）
第6名	杨春志（山东）	陈宗斌（北平）						
第7名	王永彬（青岛）	岳毓奇（河北）						
第8名	李俊鸣（青岛）							

竞赛结果，七单位获与领奖之列。辽宁选手田国安、郑宗藩，表演技术颇不后人。因录取人数过少，额满见遗。其均系大学毕业，以失地之民，远道参加，其志良苦。会终颁奖，独抱向隅，论者惜之。此次参赛选手虽仅8个单位，为数不满百人，白叟黄童，妙龄女子，英姿青年，人员有别，然精神团结，严守秩序，服从评判，未发生犯规及争执事件②。

为带动青岛市学校和社会国术的普遍开展，大会筹委会联合青岛市中小学及社会各界，增设本市中小学团体操表演赛和国术团体表演赛。

① 第十七届华北运动会总报告［M］. 1934：411–415.

② 第十七届华北运动会总报告［M］. 1934：416.

各单位踊跃报名与赛。12日上午，圣功女中60人表演割庄舞、土风舞，模范小学20人表演土风舞，市立女中32人表演美国土风舞，江苏路小学拍掌操。13日上午，女子中等学校团体操，北平路小学110人表演金刚拳，文德女中20人表演兵舞，黄台路小学24人表演大刀。13日下午，圣功女中56人表演聚合舞、土风舞，朝城路小学46人表演叠罗汉，实验小学21人童子军表演，育英小学19人表演大刀。14日上午，高级小学144人表演军事会操，崇德中学35人表演独排制式教练，市立女中32人表演英国土风舞，台东镇小学36人表演密集横排操，模范小学20人表演映月舞。14日下午，台东镇小学40人表演圆阵舞，江苏路小学54人表演金刚拳，黄台路小学60人表演混合操，模范小学32人表演短棍操，育英小学35人表演军事体操。

青岛市中小学团体表演，私立模范学校短棍操名列第4，私立育英小学大刀名列第5，市立北平路小学金刚拳名列第8，市立江苏路学校金刚拳名列第12，市立黄台路学校大刀名列第17[①]。国术团体表演，第1名青岛海军教导队，第2名青岛市保卫队，第3名青岛港务局运输处工人，各得沈鸿烈市长银杯[②]。参加表演之摔角班、老年组、童子组、女子组，为大会生色。国术馆为鼓励表演者，自购奖品，于8月2日8时于国术馆颁发。获奖者无不喜形于色[③]。

三、第十八届华北运动会国术表演比赛

1934年，第十八届华北运动会于天津举行。国术设拳术、器械、特别技能表演和摔角比赛四项。青岛国术馆为选拔选手，通饬所属各练习所，8月10日至20日来馆报名，26日考验[④]。

① 第十七届华北运动会总报告［M］. 1934：429–432.

② 第十七届华北运动会总报告［M］. 1934：511.

③ 国术馆奖励参加华北会表演人员［N］. 青岛民报，1933-8-4（6）.

④ 国术馆选拔选手准备参加华北运动会［N］. 青岛民报，1934-8-3（6）.

国术馆招考摔角选手，报考者 22 人[①]。8 月 12 日，摔角选手选定赵云廷（亭）、佟承露（顺禄）、周作桢、王永彭，备取张晓荣、王锡海，每日于国术馆摔角场由导师指导训练[②]。拳术、器械和特别技能选手，报名参选者 60 余人[③]。表演拳术 42 人，枪术 17 人，刀术 25 人，棍术 20 人，剑术 13 人，其他器械 5 人[④]，26 日初选后开始训练。国术馆以各练习所仍有技术超群之士，为不泯怀才，决定复选，令各练习所前次未报名者一律参加[⑤]。9 月 2 日复选决定，拳术正取孙子建、萧鸿义、刘英华、姜爱兰，备取吴亨庆、高玉馨；器械正取纪炎昌、栾秀云、张佩岳、田秉义，备取王凤桥、郝鸿勋。录取选手即日起加紧训练，精心备赛[⑥]。（图 2–34）

图 2–34　青岛国术馆准备参加第十八届华北运动会国术表演比赛女选手习武英姿
（《北洋画报》1934 年 9 月 8 日第 2 版）

国术选手经过重新测验，按照大会规定，每项选定 4 人。摔角佟顺禄、赵云亭、王永彭、周作桢，拳术刘英华（猴拳、醉拳、金刚拳）、孙子建（查拳、梅花拳）、萧鸿义（炮拳、四路查拳）、姜爱兰

① 国术馆考选摔角选手［N］. 青岛时报，1934-8-9（6）.
② 国术馆摔角选手开始训练［N］. 青岛民报，1934-8-16（6）.
③ 国术馆积极训练参加华北运动会选手［N］. 青岛民报，1934-8-18（6）.
④ 国术馆考验各项选手人数［N］. 青岛民报，1934-8-24（6）.
⑤ 国术馆定期举行华北会选手复选［N］. 青岛民报，1934-8-31（6）.
⑥ 国术馆拳术器械复选竣事［N］. 青岛民报，1934-9-3（6）.

(埋伏拳、查拳、艾虎拳），孙子建、萧鸿义（对打查拳），器械田秉义（春秋刀、太阿剑)、张培岳（六合棍、六合枪)、纪炎昌（少林枪、昆吾剑)、栾秀云（六合刀、吕祖剑、双钩），田秉义、纪炎昌（空手夺刀）。大会规程所定，每人不得超过三项。9 月 22 日晨，报名单填就寄出[①]。9 月底，青岛国术馆致电第十八届华北运动会筹委会，摔角选手周作桢因学业不能参赛，以为张孝才替补[②]。

10 月 10 日至 14 日，第十八届华北运动会如期举行。北平、河北、黑龙江、绥远、青岛、山西、山东、河南 8 个单位参加[③]。青岛市国术指导韩冠洲，管理向禹九[④]。向宗鼎（禹九）受聘担任国术评判员。参赛运动员刘英华、孙子建、萧鸿义、姜爱兰、田秉义、张培岳、纪炎昌、栾秀云、佟顺禄、赵云亭、王永彭、张孝才[⑤]。

10 日下午单拳表演，孙子建梅花拳，行步敏速，亦见功夫。11 日上午单拳表演，萧鸿义查拳亦有可观；姜爱兰埋伏拳，气势充实，腰腿甚见功夫；孙子建、萧鸿义查拳对打，踢打迅速，封闭利落。11 日下午，田秉义春秋刀，甚有可观，拦劈架刺诸法，一目了然；张培岳六合棍，是为熟练；纪炎昌少林枪，亦有可观；田秉义、纪炎昌空手夺刀，亦见精彩。摔角王永彭对河南郭克宽获胜；佟顺禄对山东金胜利获胜，比赛过程精彩而猛烈；赵云亭对山东左锡五，双方拼斗剧烈，赵云亭以灵活身法获胜，然临场嬉笑，且露傲态，诚非所宜[⑥]。

12 日，栾秀云先后表演子母拳、六合大刀，精神奋发，动作坚敏，引起观众注意，得 85.3 分；田秉义太鉴（阿）剑得 93 分；张培岳六合枪

---

① 参加华北运动会国术选手规定项目［N］. 青岛时报，1934–9–21（6）.

② 国术馆派员视察全市各练习所［N］. 光华日报，1934–9–30（6）.

③④ 第十八届华北运动会筹备委员会编. 第十八届华北运动会秩序册［M］. 1934：11.

⑤ 第十八届华北运动会筹备委员会编. 第十八届华北运动会秩序册［M］. 1934：132.

⑥ 十八届华北运动会国术场记实［J］. 国术周刊（天津），1935（1）：9–11.

得 84.7 分；纪炎昌昆吾剑得 84 分。刘英华金刚拳得 87.3 分[①]。

13 日上午，姜爱兰查拳，身手灵活；刘英华金刚拳，无甚精彩；姜爱兰艾虎拳，进退攻守，法式有别，发拳踢腿，敏捷利落，有如小侠再世。13 日下午，栾秀云吕祖剑（纯阳剑别名），刚柔并济，进退急徐，坦然怡然，毫无慌张之态，且眼神最好，行势气随意注，眼随剑锋，夜叉探海势，沉稳老练，劈砍撩刺截云绞剪诸法，亦能一一显示，演毕气不涌出，面不更色，不愧女中豪杰；张培岳月法，有如弓形，其柄如弓背，其刃如弓弦，又如半边明月，两端系一红绸，舞动时随风来势飘扬，其法亦不外春秋刀拦劈架刺诸法，然其纯熟，是为可贵；栾秀云双钩，勾拉锁带诸法，一目了然，变化敏速，动作快利[②]。

《申报》1934 年 10 月 15 日第 14 版载，单器械表演，栾秀云两次出场，吕祖剑得 91 分，双钩得 95.7 分，表演精彩，得分最多。栾秀云退场后，大受摄影记者包围[③]。

青岛选手中有小姐两名，一为栾秀云，另一为姜爱兰。两小姐均梳双辫，结青绢。栾稍高，姜稍矮，均活泼异常。栾对器械、拳脚功夫均较好，受过名家指导。每当表演，观众见其姿势优美，即掌声不绝。13 日表演吕祖剑及行钩，均得 90 分以上成绩。记者叩问其何时练习所学拳技，属于何门，自习武身体如何。栾小姐操流利北平口音谓，习武五年，少林、武当均学过，器械已习 20 余套，拳如二郎拳、长拳，曾参与第十七届华北运动会国术表演。自习武后，身体较前坚实许多。本系芝罘籍，现居青岛[④]。（图 2-35）

---

① 国术比赛［N］. 申报，1934-10-14（16）.

② 十八届华北运动会国术场记实［J］. 国术周刊（天津），1935（3）：6-8.

③ 国术表演栾秀云女士得分最多［N］. 申报，1934-10-15（14）.

④ 巾帼双雄［N］. 天津益世报，1934-10-14（6）.

下：青島國術女傑欒秀雲(右)姜愛蘭(左)

图 2-35　第十八届华北运动会青岛国术女杰栾秀云（右）姜爱兰（左）留影
（采自《青岛画报》1934 年第 7 期）

摔角比赛，王永彭对河北王进才获胜，张孝才对山东左锡五获胜。决赛时，佟顺禄、赵云亭二人平日友谊最厚，不愿因次第之分而事拼斗，当不住河南国术馆副馆长刘丕显在旁笑曰：二位均系青岛名将，第一第二在所必得。但须真正拼斗，予吾辈一饱眼福。以致此组拼斗情形甚是剧烈，佟顺禄终以身体坚实获胜。事后，佟顺禄谓人曰：赵君苟不相让，吾早负矣！非礼让之至，武德功深也！张孝才胜宋振甫，获第 3 名①。

摔角决赛结果，第 1 名佟顺禄（青岛），第 2 名赵云亭（青岛），第 3 名张孝才（青岛），第 4 名宋振甫（北平），第 5 名马清河（山东），第 6 名王永彭（青岛），第 7 名怀锦章（山东），除第 4、5、7 名为北平、山东选手外，余悉为青岛选手。赵云亭在青岛国术馆，每与佟顺禄摔角，佟顺禄悉为其手下败将。今日决赛，共摔三次。第一、二次，二人各胜一次。第三次佟顺禄将赵云亭挤至召角，出其不意将赵云亭摔倒。赵云亭失败后，颇为不平，自谓从此不再练习此道②。

① 十八届华北运动会国术场记实［J］. 国术周刊（天津），1935（3）：6-8.
② 国术比赛［N］. 申报，1934-10-14（16）.

国术表演，孙子建、萧鸿义名列单拳第 1、2 名，孙子建、萧鸿义名列对拳第 1 名，田秉义、纪炎昌名列对器械第 1 名，田秉义名列刀术第 3 名，田秉义、栾秀云名列剑术第 1、2 名，栾秀云名列其他器械第 1 名[①]。

赛后返青，民众教育馆以本市参加第十八届华北运动会国术选手成绩优异，为使市民瞻仰其技，邀请国术馆参赛选手，11 月 18 日晚 7 时，于民众教育馆表演国术[②]。表演项目单拳 24 项，对拳 6 项，单器械 27 项，对器械 27 项，及摔角表演。中间加演电影 20 分钟，演出内容丰富多彩[③]。

第六节　青岛国术馆著述

国术月刊　青岛国术馆编著出版。1930 年 3 月 1 日首期为《青岛特别市国术馆月刊》。该刊仅出版数期。青岛市档案馆有藏。（图 2-36）

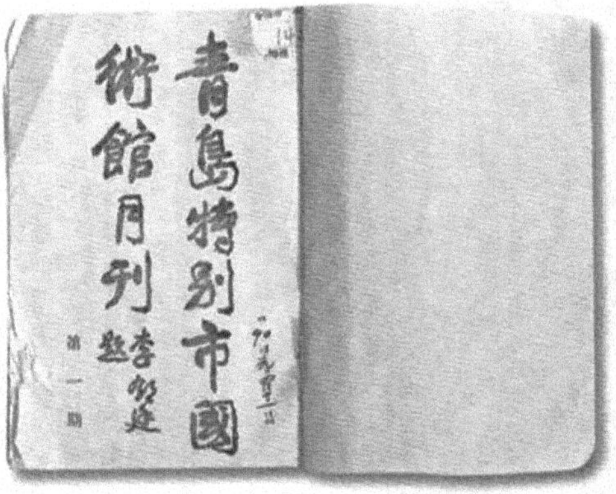

图 2-36　青岛特别市国术馆月刊
（采自《青岛武林百年》）

---

① 国术表演与比赛［J］. 勤奋体育月报，1934（2）：171.
② 教育馆明日表演国术［N］. 青岛时报，1934-11-17（6）.
③ 教育馆今晚表演国术［N］. 青岛时报，1934-11-18（6）.

青岛市国术游艺比试大会特刊　青岛国术馆1931年编印简报，共4版。内容包括《青岛市国术馆游艺比试大会宣言》《青岛市国术游艺比试大会章程》《青岛市国术馆游艺会告民众书》[①]《青岛市国术馆组织法》《青岛市国术馆教授班简章》《青岛市国术游艺比试大会标语》《青岛市国术馆民众国术练习场简章》《青岛市国术馆所属国术练习所组织及管理规则》《青岛市国术馆组织系统图》，及《青岛市国术馆启示》[②]。

八卦掌简编　青岛国术馆著。书前附有馆长胡若愚、副馆长胡家凤及编演者尹玉章肖像。殷学潢作引言，胡若愚、万永寿、王芹塘分别作序。尹玉章演述，王芹塘编辑，万永寿、向宗鼎、崔宝瑛校阅。1932年1月出版，16开，45页。文分八卦掌源流，八卦掌总论，文王八卦方位，及八卦掌图解等。配有技术照片27副，及动作说明。末为鲍瑞沅作跋。（图2–37、图2–38）

图2–37　《八卦掌简编》封面

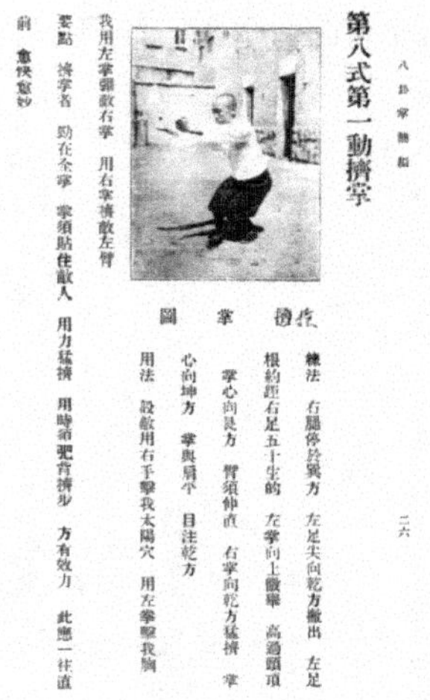

八卦掌簡編　二六

第八式第一動擠掌

擠掌圖

練法　右腿停於巽方　左足尖向乾方撇出　左足根約距右足五十生的　左掌向上撤舉　高過頭頂　掌心向艮方　臂須伸直　右掌向乾方猛擠　掌心向坤方　掌與肩平　目注乾方

用法　設敵用右手擊我太陽穴　用左拳擊我胸　我用左掌彈敵右掌　用右掌擠敵左臂

要點　擠字者　勁在全掌　掌須貼住敵人　用力猛擠　用時須鼙背擠步　方有效力　此應一往直前　意快意妙

图2–38　尹玉章先生拳势
（采自《八卦掌简编》）

① 青岛市档案馆馆藏档案，档案号：B0038–001–00591–0033.

② 青岛市档案馆馆藏档案，档案号：B0038–001–00591–0034.

砍刀术练习法 青岛国术馆著。书前附有馆长沈鸿烈、副馆长胡家凤及编演者尹玉章肖像。馆长沈鸿烈作序，尹玉章编演，崔秉彝、凌逸材助编，万永寿、向宗鼎、崔宝瑛校阅。1933 年 6 月出版，23 厘米，44 页。书中详细叙述砍刀术练习的各种运用方式，分为二路，配技术照片 40 副，及动作说明。青岛市图书馆馆藏。（图 2–39、图 2–40）

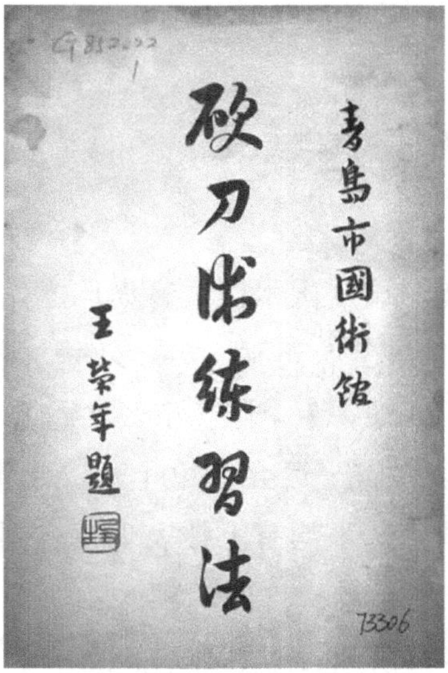

图 2–39 《砍刀术练习法》封面

图 2–40 尹玉章先生遗照
（采自《砍刀术练习法》）

国术概论 青岛国术馆著。总分八章，第一章总论，第二章国术之源流，第三章国术之派别，第四章国术之基本练习，第五章练习国术之真意义，第六章国术之练法，第七章国术练习，第八章练习后应注意之点。连载于 1933 年 12 月创刊，由青岛体育协进会出版发行之《体育周刊》，1934 年第 13、15、16、19 期。

青岛市第三届国术市考秩序册 1935 年 6 月青岛国术馆印制出版。书前附有考试委员长沈鸿烈、副委员长胡家凤肖像，全体职员姓名一览、开幕仪式、各项考试日程、各项团体表演及个人表演程序、闭幕仪式、各项应试员分组总表、应试员姓名号码对照表、各项纪录表、国术市考规程、细则及应试员须知。青岛市图书馆馆藏。

青岛市第三届国术市考总报告 1935 年 12 月，青岛国术馆印制出版。沈鸿烈撰写序文，李烈钧等 3 人题词。内容包括考试委员会组织筹备，开幕闭幕经过，经费开支情形，及职员录、训辞、章则、会议记录、考务、表演、录取各员记录等。附有照片，16 开，92 页。

第七节　青岛国术全国领先

1929 年 2 月，中央国术馆通令全国普遍设立国术馆，青岛国术馆即于 12 月正式成立。不仅行动快速，而且发展势头迅猛，办学效果优良。至 1933 年 12 月，青岛市共设国术训练所 83 处，为全国各市区之冠①。

第五届全运会、第二届国术国考、第六届全运会，第十六、十七、十八届华北运动会国术表演比赛，青岛国术选手均有上佳表现，名列前茅。至 1935 年，青岛国术馆举办三届国术市考，将国术纳入中等（初中、高中、师范）学校毕业会考，国术练习所超过 100 处。1936 年，举办第三届国术教员检定。市运会、冬赛会添加国术竞赛项目，社会各界国术活动普遍开展。

1936 年 8 月 7 日，中央国术馆馆长张之江赴青岛参加第二届全国慈幼大会。青岛国术馆同仁闻讯，8 日午后于国术馆礼堂召开欢迎会。张之江登台演说，对青岛市国术发展及取得的成绩表示钦佩之余，言及若全国都以青岛市之提倡国术，三年以后国术必有可观②。（图 2–41）

① 各省市国术馆调查一览表［N］. 申报，1933–12–21（12）.

② 青市国术馆昨日欢迎张之江［N］. 青岛时报，1936–8–9（6）.

图 2-41 张之江与沈鸿烈、胡家凤合影

（采自《青岛画报》1936 年第 25 期）

第二届全国慈幼大会结束后，张之江乘火车由青过济返京。8 月 10 日晨 8 时抵达济南，接受记者采访。《山东日报》载：我国国术较前进步，尤以山东及青岛为著。此赖韩复榘主席爱好国术与沈鸿烈市长努力提倡之结果。他省倘能起而效之，则民族之强，可期而待①。《济南日报》报道：鲁（山东）、青（青岛）国术之发展实为全国之模范。青（岛）市当局对于国术之提倡可谓不遗余力，市民已养成普遍练习国术之良风，有助于国民体力之强健，诚非浅鲜②。

① 张之江谈本省国术全国允称第一［N］. 山东日报，1936-8-11（5）.

② 张之江赞本省国术为全国之冠［N］. 济南日报，1936-8-24（4）.

第三章　抗战时期青岛国术（1937—1945）

第一次世界大战，日本攫取德国在青岛的利益。1922 年，我国虽接收青岛，但日本开办的各种工厂继续雇用廉价劳工，实行经济侵略。七七事变，全民族抗战爆发，国术界同仁基于义奋和爱国热情，投身抗战，建立功勋。日伪时期的青岛国术沦落凋敝。

第一节　国术子弟参与抗战

1936 年 12 月 3 日晨，日本海军突然登陆青岛，占领山头，布成战斗攻击态势。驻青日本领事和海军武官，持最后通牒来见沈市长，命我将所有军队和警察撤出青岛市区，将市政大权交由其管理。日本素知我国术人员忠心爱国，派出部队将青岛国术馆教职员杨明斋、向宗鼎、韩冠洲、李（秘）道生等掳去。沈市长急电中央政府向蒋委员长报告，迅即召集全市所有铁工厂、兵工厂，限时制造大刀数千支，发给国术子弟每人一把，分别派往日侨大门口两旁站立，守候待命。斯时，沈市长在市府会议室，接见日本领事和海军武官。沈市长义正辞严痛责日本不守国际公约，未经我国许可，擅自登陆，无理挑衅。言此非文明国家举动，乃系野蛮行为，后果应由日本负责。

沈市长遂命周参事，偕同日本领事和海军武官，乘车巡视全市日侨住处，请他们目睹现况。周参事对日本领事说，假若日军先发一枪，国术大刀队立即入内杀光日本侨民，四沧区九大纱厂全部炸毁。吓得日本领事心惊胆寒，日军八天后撤走。

事后，沈市长（馆长）命令国术子弟加紧训练，俟机报国。1937 年 10 月间，青岛市的日本机关、公司、工厂数万侨民全部撤回。沈市长见情势严重，遂将国术馆人员编为“爆破大队”，马锡年任大队长（后改为沈尹）。其中人数最多、最勇敢的是高芳先的第三中队。12 月中旬，战事从河北推至山东，济南失守，青岛已陷孤立。沈市长请示中央后，命令国术爆破大队将日本九大纱厂炸毁，起火燃烧数日。

12 月 31 日，沈市长率领各机关职员、保安大队和爆破大队一部分撤离青岛，西往鲁南诸城一带。1938 年春，沈市长奉命接掌山东省主席，就任于鲁西曹县（韩复榘因厌战伏法）。斯时，青岛未撤离国术子弟，纷纷加入抗战游击队，保家卫国。每人身背一把大刀和几个手榴弹，参加抗战，和装备精良的日军在胶东周旋八年，直至最后胜利。鲁苏战区游击第二纵队第四支队第一大队，百分之七十为国术子弟。第三中队（炮队）清一色国术子弟。他们平素以师叔师兄称呼。队长王永彬原系青岛国术名将，1938 年 10 月 9 日，于平度凤凰山与敌作战殉国。事后，全队官兵保举其三弟王永彭担任中队长。王永彭升任中队长后，率队驻防山东平度县小冷哥庄待补。1944 年秋，王永彭因公赴莱阳，行至即墨二区汤上时，突与日军遭遇，不幸阵亡。

平度凤凰山之役，王永彬奉命增援，与敌作战。王永彬身体魁梧，行军常以马代步。不料，出发时上马，马鞍折断。临阵发生此事，恐有不祥之兆。众官兵建议其不要去，由分队长带队。王永彬不听人劝，率队而去。战斗中，敌人一挺机枪架在河岸，并未射击，不时移动。王永彬以为敌人机枪卡壳，独立向前力夺，不幸中弹。战后，众弟子将其埋葬于平度古砚东南方。王永彬与高芳先是师徒关系。抗战胜利后，高芳先等远途跋涉，前去祭拜。

1938 年 11 月间，大队长杜祖平率领第一、二、三中队，从小冷哥庄出发，在严寒深夜开往莱阳城，投靠鲁东行辕。部队行至莱阳县沅上村，遇上青岛爆破大队第三中队长高芳先和阎恒班等。斯时，高芳先在鲁东党务办事处，跟李先良主任当副官。天亮约 8 时许，到达莱阳城鲁东行辕防地。未几，奉命开往城北沐浴店驻防。

1939 年 2 月 27 日拂晓，忽闻城内枪炮声激烈。天亮派人探报，鲁东行辕被偷袭，庐主任阵亡。不久，行辕主任由李先良接任，奉命将行辕改为行署。第一大队仅有第一、三中队，进城保护行署。4 月间，第一、三中队归山东省第十三区专员公署，编为山东保安第一旅二团一营四连，仍跟随李主任，保护行署。

1940 年，鲁东行署驻防牟平县大龙口，第四连归建，与独立营合编为青岛保安大队，孙廷镛任大队长。独立营即 1937 年底撤离青岛时，所遗官兵和国术人员，由孙式菴、王新民、朱乃洪等组成大队，孙式菴任大队长，驻于崂山和莱阳、海阳等地。1941 年冬，沈鸿烈奉令调任农林部部长。1942 年春，鲁东行署奉令改编为青岛市政府，市长沈鸿烈，李先良代任。

1942 年秋，李代市长将青岛市各单位从莱阳移驻崂山，建立抗战根据地。青岛国术子弟和民众，纷纷前来参加抗战，部队日益扩大。青岛保安大队扩编为总队，高芳先任上校总队长，辖三个大队。员兵不时增加，遂成立特务大队，许京武任大队长。许京武勇猛善战，制敌有方，特务大队的枪支弹药，皆由其策划，取之于日军。兵源广，弹药足，又成立新兵大队，由中校总队副董静波兼大队长。董静波中央军校出身，国学渊博，军事经验丰富。其训练新兵课程有步兵操典、战斗教练、野外勤务、筑城教范等，不时练习打靶。士兵多为国术人士，勇敢善战，精通军事常识。

青岛保安总队第一大队长孙克送，第二大队长于承芳，第三大队长董脩章，中队长阎学科、孙绍棠、苏克刚、王廷先、高仰山（高芳先胞弟）、黄华亭等，都是国术兄弟。抗战八年，青岛保安总队五个大队，与日军作战大小百余次，阵亡官兵不足百人，击毙日军不可胜计。

青岛国术子弟于抗战中表现出他们对国家的忠诚与勇敢[①]。

第二节 敌占区国术活动

日伪时期，实行奴化教育。1938年7月26日，《青岛新民报》记者采访青岛治安维持会委员尹援一，27日刊文“应提倡国术以武德促进中日提携”，宣扬中日同文同种，妄言恢复国术馆，以武道促进中日亲善[②]。其卖国求荣之媚日嘴脸昭然若揭。

1939年，张培远撰文建议：列拳术为体育课程主要门类，授以团体训练。每生于小学毕业前，须娴熟数种拳法，并择期举行拳术与角力比赛；课间操采用八段锦式柔软体操，和以音乐[③]。

《青岛教育周刊》1939年第2卷第42期，刊载吕崇享《以国术为中心之体育教学》一文，罗列国术便于锻炼摹习、合于大众化、可使身体各部平均发展、乃各界民众最感兴趣之运动四项优点，建议教育行政当局规定，学校教育实施国术教学[④]。

《青岛教育半月刊》1940年2卷第7期，刊载苏竹影《谈武术与拳术》一文，杂论武术与拳术，略陈拳术优点，鼓动青年学生以拳术锻炼身体，助长精神，坚强意志[⑤]。

以上言论既无新意，又乏善可陈。一番陈词滥调，无为说教。实际是以虚假宣传，粉饰太平。

---

① 赵书堂. 青岛市国术子弟兵抗战史［J］. 山东文献（台湾版），1984，9（4）：6–10.

② 应提倡国术［N］. 青岛新民报，1938–7–27（7）.

③ 张培远. 关于小学儿童之体育研讨［J］. 青岛教育周刊，1939，2（4）：16.

④ 吕崇享. 以国术为中心之体育教学［J］. 青岛教育周刊，1939，2（42）：1–3.

⑤ 苏竹影. 谈武术与拳术［J］. 青岛教育半月刊，1940，2（7）：31–34.

1938 年 9 月，栾秀云于北京就职于伪华北建设总署调查科。当年结婚。1939 年 6 月，去日本学习摄影技术三个月[①]。

日军入侵青岛后，东文书院画学部改为中学。1939 年秋，增加武术一门，由新民会宣传股长王文涛介绍于春成[②]担任教授。于春成系镖界名宿，曾充青岛市新民会新民塾武术教员[③]，每星期六于东文书院指导学生练习武术[④]。

1940 年 10 月 22 日，伪教育局主办秋季运动会，增加东文书院国术表演和明德小学太极拳表演[⑤]。明德小学太极拳表演虽一气呵成，但尚欠熟练；东文书院学生短衣装束，青布包头，以木棍替刀，表演动作整齐，力气充实，刀与身合，身随刀行，已有相当成就[⑥]。

《青岛新民报》1940 年 11 月 6 日第 7 版陈述：新民会国术部长孙持中拟设立新民国术训练班，正积极筹划，不久即可成立[⑦]。但未见后续报道。

1941 年春，褚民谊创编太极操，经南京伪教育部审定为国民体操，印行《图说》，呈准伪行政院普遍推行。伪华北政务委员会训令华北各省推行，伪青岛市署训令教育局遵照推行[⑧]。6 月 3 日，青岛体育协会与兴亚俱乐部举行结成式。梁余庆、张凤亭、徐子良被委以国术部职员[⑨]。9 月 27 日，伪青岛市教育局，于汇泉体育场举行全市秋运会。大会添设国

① 本市女国术家栾秀云小姐近况［N］. 青岛新民报，1939–12–21（5）.

②《青岛新民报》1940 年 1 月 18 日第 7 版载“东文书院特聘武术教师指导训练武术”，记为“于青成”。

③ 添授武术于春成任教授［N］. 青岛新民报，1939–9–19（7）.

④ 东文书院特聘武术教师指导训练武术［N］. 青岛新民报，1940–1–18（7）.

⑤ 运动大会开幕［N］. 青岛新民报，1940–10–22（7）.

⑥ 大会团体表演［N］. 青岛新民报，1940–10–23（3）.

⑦ 新民会将设国术训练班［N］. 青岛新民报，1940–11–6（7）.

⑧ 太极操合乎生理定为国民操［N］. 青岛新民报，1941–3–1（7）.

⑨ 谋体育事业发展［N］. 青岛新民报，1941–6–4（7）.

术表演，中小学报名参加表演者计 54 项[①]。国术表演未能见载。

1942 年 8 月，圣功女子中学教员高玉峰（65 岁，直隶故城人），呈请伪青岛市警察局，拟于浙江路青年会组成国术讲习所，招收生徒。警察局呈请伪市长赵琪签核，伪市公署转饬教育局签复，传习武术事关体育，又涉宗教团体，应由警察局指导监督，即通知高玉峰，所有办理情形随时向警察局报告[②]。

1943 年 3 月，姚作宾就任伪青岛市长。8 月 20 日，姚作宾签署训令，通令伪市公署各机关，委派孙虓为国术教官。有愿加入练习者，向总务局总务科庶务股报名，30 日截止[③]。各机关长官可与孙虓面洽办法，呈报施行[④]。

9 月 19 日[⑤]，青岛市新民会以"健民社"（尚未成立）名义，于伪市公署礼堂联合举办国术表演大会。"健民社"社员表演了单拳、对拳、单器械、对器械[⑥]。

1944 年 1 月 20 日，伪市公署于市政会议厅举行颁奖式。姚作宾致训辞，孙虓致答辞[⑦]。此次国术表演及颁奖式是为成立健民社所作的舆论宣传。25 日，健民社在江苏路小学举行成立大会[⑧]，伪市长姚作宾兼任社长，黄枢任干事长，下设主任干事、干事，及事务员、教员数人。设址于天后宫内。至 1945 年 5 月，健民社于市内各区设置直辖国术练习所 14 处[⑨]。（图 3–1）

---

① 秋季运动会添国术表演［N］. 青岛新民报，1941–9–25（7）.
② 青岛市档案馆馆藏档案，档案号：B0018–001–00807–0001.
③ 青岛市档案馆馆藏档案，档案号：B0031–001–00137–0158.
④ 青岛市档案馆馆藏档案，档案号：B0032–001–00128–0007.
⑤ 青岛市档案馆馆藏档案，档案号：B0023–001–02447–0111.
⑥ 国术表演大会［J］. 中华周报，1944，1（6）：10.
⑦ 对国术获奖选手市政府昨举行颁奖式［N］. 青岛新民报，1944–1–21（2）.
⑧ 青岛市武术协会. 青岛武林百年［G］. 青岛市档案馆馆藏档案，2010：38.
⑨ 陈墀. 健民社介绍［J］. 治平月刊，1945，1（6）：18–19.

图 3-1　1944 年青岛市健民社直辖第七、九两练习所举行开学典礼留影
（采自《青岛武林百年》）

1945 年 3 月 29 日，青岛市新民会电话通知各机关，30 日午后 2 时为纪念国府还都于市府礼堂举行国术表演大会[①]。

① 青岛市档案馆馆藏档案，档案号：B0038-003-00375-0034.

第四章　抗战胜利后青岛国术（1945—1949）

经过八年艰苦抗战，终获胜利。1945 年 8 月 15 日，日本无条件投降。18 日，李先良被任命为青岛市长。9 月 13 日，李先良率领青岛保安总队从崂山进入青岛市区。17 日，正式接收青岛行政，复员战前建制。

第一节　复员青岛国术馆

10 月 11 日，市长李先良签发命令，将伪健民社改为青岛市国术馆。以李先良兼任馆长，委任青岛保安总队队长高芳先为副馆长[①]。（图 4-1、图 4-2）

图 4-1　李先良先生遗照
（采自《青岛武林百年》）

图 4-2　高芳先先生遗照
（采自《青岛武林百年》）

高芳先奉令，即派教官常秉毅、石以群，及前国术馆职员

① 青岛市档案馆馆藏档案，档案号：B0024-001-00262-0010.

臧醒吾等负责筹备，将广东路馆址接收。此时的青岛国术馆馆址——广东路 1 号，楼房内外墙皮及四周围墙破碎不堪，房顶多处渗漏，门窗不全，亟应修理。修理电灯，装设电话，整理自来水管等，均属急务。战前国术馆内家具、武器等件，均归乌有。虽将所有接收健民社器具搬移馆内，亦不敷分配，尚需添置，总计各项费用共需 500000 元之巨。10 月 20 日，造具各项费用清单，呈请市长李先良签核。李先良批示，该馆地址房屋目前若不适用，可另觅房屋。修理费可暂缓[①]。市政无力开支，国术馆也只能勉强度日。

10 月 12 日，高芳先接到兼任国术馆副馆长委任，12 月 5 日奉到市府训令，附发木质关防一颗，文曰“青岛市国术馆关防”。高芳先奉令，于 12 月 10 日到馆视事，同日启用关防[②]。

国术馆奉命复员，积极筹备，以期早日复员。10 月 27 日，拟具《青岛市国术馆组织规则》《青岛市国术馆办事细则》草案，呈请市长签核。市府审核后将《青岛市国术馆组织规则》改为《青岛市国术馆暂行组织规则》，内容共 14 条；《青岛市国术馆办事细则》共六章 25 条[③]。国术馆设馆长、副馆长、秘书各 1 人，下设三科。科员 5 至 7 人，办事员 5 至 8 人，教员若干人则视学生多寡而定。

11 月，市府审核国术馆所呈草案，提交市政会议通过。令国术馆遵照组织规则第二条规定设董事会，饬补董事会会议简则[④]。12 月 6 日，国术馆向市府呈交《青岛市国术馆董事会会议简则》。12 日，市府照准[⑤]。

11 月 1 日，国术馆开始招生。凡年龄在 8 岁以上、25 岁以下，身体健全者，不限男女，均可报名，地点于广东路一号国术馆内[⑥]。

---

① 青岛市档案馆馆藏档案，档案号：B0024-001-0241-0002.

② 青岛市档案馆馆藏档案，档案号：B0024-001-00584-0043.

③ 青岛市档案馆馆藏档案，档案号：B0024-001-0583-0043.

④ 青岛市档案馆馆藏档案，档案号：B0024-001-00583-0052.

⑤ 青岛市档案馆馆藏档案，档案号：B0024-001-00583-0064.

⑥ 国术馆招生［N］. 青岛公报，1945-11-2（3）.

青岛国术同仁素富爱国思想，七七事变后，纷赴各处抗战，互失联系。11 月上旬，青岛国术馆印制国术人员登记表，征集国术同仁，以资联络①。

11 月上旬，盟军一再向高芳先副馆长洽商参观中国摔角。高副馆长为联络感情，宣扬国术，11 日午间，率同常秉毅、钟寿山、杜玉山、高克训、王延伦、周永福、刘作民等人，赴盟军炮舰表演，俱各精彩，颇受盟军将士赞许②。此时，国术馆事务、教务两科，大致就绪，十日内即招收学生 200 余人，开始授课。11 月 11 日晚，副馆长高芳先到馆视察③。

12 月，国术馆遵照规则正式分科办公。首先于市区及各乡区推设练习所，以便普及，计划 1946 年春节前，开办师范速成班，待遇从优。毕业后分派各机关、学校担任国术指导④。

1946 年 1 月 22 日教育局签呈市府，将日本神社下部金城阁，拨归教育局筹设国术馆。26 日，市长李先良批示，设立国术馆应由青岛国术馆统一办理，以免分歧，所请应暂缓⑤。抗战胜利后的青岛国术馆，系市府直属机关，非属教育局主管范围⑥。

2 月，国术馆已复员 4 个月，内部业务基本就绪，日见发展。为推进馆务，24 日上午 9 时，于蒙蒙细雨中，兼馆长李先良、兼副馆长高芳先到国术馆视察设备、检阅学员、补行正副馆长就职典礼。邀请党政军警教育等机关首长出席，国术馆教职员及全体学生参加。如仪开会，首由高副馆长致辞，本市在敌伪盘踞期间，诸般建设遭敌人损坏不计其数，如今抗战胜利，一切设施力谋恢复。本馆亦于诸同仁努力下，迅速恢复旧观。今后尚希大家一致努力，使本馆业务蒸蒸日上，将国粹发扬

---

① 国术馆办理人员登记［N］. 青岛公报，1945-11-6（3）.

② 国术馆摔角表演［N］. 青岛公报，1945-11-12（3）.

③ 高总队长视察国术馆［N］. 青岛公报，1945-11-12（3）.

④ 本市国术馆即将正式分科办公［N］. 民言报，1945-12-8（3）.

⑤ 青岛市档案馆馆藏档案，档案号：B0024-001-00704-0035.

⑥ 青岛市档案馆馆藏档案，档案号：B0027-006-06125.

光大，深愿与诸同仁共勉。李馆长致辞，青岛国术馆战前经沈市长热心提倡，成绩斐然。八年抗战中，最努力的是国术馆同志。炸毁敌人工厂亦系国术馆同仁，有莫大贡献。仪式结束后，赴国术馆后院，检阅学生成绩。各种国术表演20余项，均甚精彩。尤以70岁老叟太极拳，11岁、12岁小学生单刀花枪对打，刘俊芳女士双钩最为引人注目，至正午12时结束[①]。

第二节　抚恤抗战阵亡人员

1946年2月，沈鸿烈莅青视察。16日元宵夜，鲁青抗战旧属于电化教育馆举行欢迎游艺会。晚7时开幕，全场为之人满。第一节为元宵节大闹花灯，表演宋仁宗升平盛世之乐，穿插国术表演。摔角表演前，沈鸿烈到场，由李市长及李夫人陪坐。国术表演甚为精彩，尚不失八年抗战前，沈公提倡国术之深意。国术表演完毕，续以王傻子相声，临大（补习班）男女同学歌唱，京剧周麟昆（小麒麟童）月下追韩信，刘美君等四四五花洞[②]。

2月13日韩冠洲以战前旧属身份，致函党政考核委员会秘书长沈鸿烈：前国术馆员生，自九一八事变后，在钧座领导之下，发动抗日工作。虽处敌寇环视，百般阻挠之中，但始终未懈。七七事变，本市退出后，国术馆员生追随钧座参加部队，亲身抗战，终得胜利。唯八年来，安全返青者固然不少，而为抗战死亡者亦复甚多。该员生等完全遵从钧座训示，激于义奋，发于天良，挺身而起，参加抗战，不幸为国捐躯。但该员生等生前未受国家厚禄，死后未蒙政府抚恤。按情度理，似欠公允。处此物资缺乏，食粮昂贵之际，有全家断炊，无法维持者，实令人伤心

① 市国术馆正副馆长昨补行就职典礼［N］. 青岛公报，1946-2-25（3）.

② 鲁青抗战旧属欢迎沈公游艺会［N］. 民众日报，1946-2-17（4）.

惨目。谁无父母，谁无妻子。职拟将前国术馆抗战死亡员生，按照战前职业、抗战职务、死亡处所、死亡情形，分别调查登记，册报钧座，转报中央，按照陆军抚恤条例，优予议恤，以励来兹。并拟将青（岛国术）馆抗战经过，及死亡员生姓名、史略，刊册公布全国，激发民族精神。庶死者可以瞑目，国术亦有荣焉。

2 月 16 日，沈鸿烈批示，即调查造册，迳由市府转请政府议恤。青岛市府着由秘书处办理。3 月 11 日，韩冠洲致函青岛市府秘书处：唯事关恤政，若由私人办理，似有未合。况本员（韩冠洲）不久离青，碍难遵命。拟请转函本市国术馆查照办理，以符政府抚恤抗战死亡人员之至意[①]。

第三节　筹募发展基金

青岛国术馆复员后，其经费列为市政预算内专项[②]。1946 年下半年，国术馆使用经常费 945860 元，生活补助费 873800 元，临时费 536100 元[③]。因市府财政无力挹注，国术馆受困于经费紧缺，工作捉襟见肘，不能充分开展。

12 月 10 日晚，国术馆召开董事会议，董事张衍学、张益瑶、尹致中、萧鸿顺、孙式菴、孔福民、乔修梁、孙寿庭、马献三、于承芳、董修璋（脩章）、高纶士、孙克送等出席。高芳先副馆长主席，报告过去工作后，讨论如何筹募基金，以推进馆务。决议与青岛赛马协会洽商，22 日于汇泉跑马场举行狩猎赛、义务赛马一次，发售彩票一万张，每张 5000 元。如能全部售出，可得 5000 万元票价。头彩规定 1500 万元，二彩 500 万元，三彩 250 万元。其他小奖共计 250 万元。除去一切开支，

① 青岛市档案馆馆藏档案，档案号：B0026-001-00162-0057.

② 青岛市档案馆馆藏档案，档案号：B0027-006-05701.

③ 青岛市档案馆馆藏档案，档案号：B0024-001-01051-0106.

其余悉作基金。同时决议要案多件[①]。

22日，狩猎赛于汇泉跑马场举行，彩票如期发售。是日天气寒冷，到场观众甚多。港务局长张衍学等莅场监彩。上午11时，于马场大看台当众开彩[②]。

经社会赞助与骑师热心，国术馆募得资金。为酬答各界盛意，28日晚国术馆负责人于新新公寓设宴招待。席间，李市长致辞，对各界援助表示感谢，追述沈鸿烈市长于青岛时国术发展状况，及国术健身要素，列举抗战期间青岛保安部队得力于国术之处，而现实提倡国术刻不容缓[③]。

第四节　组织国术同志联谊会

八年日伪统治，百姓各为生计，人心涣散。抗战胜利后，青岛物资匮乏，经济萧条，市民生活困难，无心关注体育文化。国术馆虽告复员，各项工作逐步推进，然受经费困扰，工作步履维艰。

1947年4月，国术馆各项工作均有进展。因国术同仁大多散处市区各地，颇少联络，国术界人士拟筹组联谊会，以谋感情联络，促进国术发展。凡国术界同仁，及各练习所学员均可参加。4月上旬，副馆长高芳先主持国术馆馆务会议，决议刊发国术月刊，以倡导国术，谋求社会国术普遍发展[④]。

5月下旬，筹备月余之青岛市国术同志联谊会，经发起人张公起、李汉民、萧鸿义、陈若萍等20余人，及国术馆职员共同努力，大致就绪。

① 国术馆董事会议拟定筹募基金办法［N］. 青岛公报，1946-12-12（5）.

② 国术馆筹基金狩猎赛奖揭晓［N］. 军民日报，1946-12-23（5）.

③ 国术馆负责人昨晚欢宴各界［N］. 青岛公报，1946-12-29（5）.

④ 国术馆筹组联谊会并发行月刊［N］. 民言报晚刊，1947-4-8（4）.

国术界同仁踊跃参加。联谊会报请社会局批准后，即可正式成立[①]。

9 月 21 日中午 12 时，青岛市国术同志联谊会于国术馆召开成立大会。全市 157 个练习所[②]师生千余人济济一堂，场面热烈。举行简单仪式后，即票选理监事。副馆长高芳先为名誉理事长，高纶士、陈学德、杨庆先、张文忠、孙玉秀、常倜斋（秉毅）、臧松（醒）吾、钟寿山、张培岳、林锦亭、纪炎昌、佟宝全、颜景英、卜鸿翔、郝恒禄 15 人当选为理事。高纶士为理事长，陈学德等五人为常务理事，王正平、赵玉山、王海亭、阎恒孝、杨钧韶等为监事[③]。

第五节　培训国术师资

七七事变前，青岛市国术发达，为全国之冠。敌伪八年压制，青岛市国术基础饱受摧残。抗战胜利后，国术馆复员。因师资缺乏，国术馆乃决定成立国术师范班，以广揽人才，培养师资。

1946 年 5 月 24 日，国术馆以设立师范速成班已取定名额，呈请市府照实有人数，发给苞米面 5760 斤[④]。28 日，李市长批令照拨[⑤]。经副馆长高芳先，及兼科长高纶士多日筹备，第一期国术师范速成班考取 40 名学员，6 月 3 日上午于国术馆大操场举行开学典礼[⑥]。馆长李先良，及各机关首长代表前往参加。高芳先主席，报告成立经过与意义，继由李馆长、教育局孟云桥局长致辞。之后国术表演，以安化南肌肉操纵术，79

---

① 国术馆联谊会积极筹备成立［N］. 民言报晚刊，1947-5-31（4）.

②《青岛市国术馆 1948 年度工作报告》载，1947 年度国术馆所属练习所计有 138 所，1948 年度增设 7 所，共计 145 所（青岛市档案馆馆藏档案，档案号：B0024-001-00376-0133）。

③ 国术同志联谊会昨日正式成立［N］. 青岛公报，1947-9-22（3）.

④ 青岛市档案馆馆藏档案，档案号：B0024-001-01132-0142.

⑤ 青岛市档案馆馆藏档案，档案号：B0024-001-01132-0143.

⑥ 国术师范班举行开学礼［N］. 民众日报，1946-6-3（4）.

岁老叟刘曰秀硬气功，常倜斋（秉毅）、杨庆先铁板桥，尤为出色[①]。

本届国术师范训练班，系国术馆抽调各练习所教师40人入班受训，两个月期满。8月4日午后5时，于国术馆练武场举行结业典礼。各机关首长代表百余人，及社会各界应邀前往。盟军习武爱好者10余人莅场参观。副馆长高芳先主席，领导行礼如仪后，即席报告开会意义，勖勉学员努力工作。继由各机关首长致辞，学员致答辞。摄影后，进行单拳、对拳、单械、对械、摔角等项表演，观众掌声雷动，典礼活动持续两小时之久[②]。市府为考列前六名者颁发奖品，第1名牙章一方，铜墨盒一方；第2、3名牙章各一方；第4、5、6名铜章各一方[③]。

8月上旬，国术师范班第一期毕业后，国术馆为继续培养国术师资，呈请市府续招第二期。市府第7097号指令照准。凡稍具国术程度者，均可于9月15日至25日，到国术馆报名考验[④]。通知发出后，至25日报名投考者86人。26日上午10时，入学考试于国术馆举行。考验术科枪刀剑棍拳，及学科（党义、常识、国文）。李市长代表战秘书及副馆长高芳先、兼科长高纶士，担任正副评判。至下午3时考试完竣[⑤]。

国术馆招考第二期师范班，因给养问题，未能如期开学。经高芳先副馆长商请市府有关机关，得以解决。因李先良在京出席国大会议，高副馆长主持于11月25日先行开课[⑥]。因需印刷学员须知，每周课程表，及各项讲义等，用纸浩繁。而该班经费预算甚少，不敷应用。12月2日，国术馆呈请市府拨发洋连纸五件。4日，市长李先良批拨片艳纸一件[⑦]。15日上午，第二期国术师范班补行开学典礼，学员50余名，由高芳先副

① 国术师范班昨行开学礼［N］. 民言报，1946-6-3（3）.

② 国术馆师范班毕业［N］. 青岛公报，1946-8-5（3）.

③ 青岛市档案馆馆藏档案，档案号：B0024-001-01132-0079.

④ 国术师范班招考二期学员［N］. 青岛时报，1946-9-17（3）.

⑤ 国术馆招考二期学员［N］. 民众日报，1946-9-27（4）.

⑥ 国术馆师资班开课［N］. 军民日报，1946-11-23（3）.

⑦ 青岛市档案馆馆藏档案，档案号：B0024-001-00603-0074.

馆长主席并报告创办师范训练班意义，继请馆长李先良致辞，语多勖勉鼓励。会后以拳术、对械表演助兴①。

1947 年 1 月中旬，国术馆师范班第二期学员 42 人，及男女初级练习班学生 66 名，修业期满，考察成绩及格，准予毕业。19 日上午，在国术馆礼堂联合举行结业式②。馆长李先良亲临主持，即席致辞，勉以努力工作，发挥所学，为社会服务③。随后，颁发奖品，师范班第 1 名牙章一方、铜墨盒一个，第 2、3 名牙章各一方；男子练习班第 1 名运动鞋一双、袜子两双，第 2 名运动鞋一双，第 3 名袜子两双；女子练习班第 1 名运动鞋一双、袜子两双，第 2 名运动鞋一双，第 3 名袜子两双④。

1 月 18 日晚，国术馆于湖南路新新公寓举行记者招待会，副馆长高芳先及兼科长高纶士相继报告，1946 年国术馆举办国术师范班，两期共培训学员 82 人。派出师范生 5 人，服务于中纺第二、四、六、九厂 4 人，市府社会局 1 人，月薪均为 6 万元⑤。

2 月 14 日，国术馆按 1947 年度工作计划，呈报市府续办第三期国术师范班，附简则、办法、预算书。预算所需临时费 2544000 元⑥。其“办法”第五条，拟请市府发给学员每人每日杂粮二斤，以 70 人两个月计算，需要杂粮 8400 斤。秘书处与社会局联系获悉，市府前存杂粮已分配无余⑦。21 日，会计处签复秘书处，国术馆续办第三期国术师范班预算，连同检定国术教员，超出原分配预算，应照原分配数列支。至学员所需杂粮一项，应饬国术馆拟编追加预算，另案呈核⑧。

---

① 国术馆师范班昨补行开学礼［N］. 青岛时报，1946-12-16（3）.

② 青岛市档案馆馆藏档案，档案号：B0024-001-01195-0024.

③ 国术馆师范班二期学员结业礼［N］. 青岛公报，1947-1-20（5）.

④ 青岛市档案馆馆藏档案，档案号：B0024-001-01195-0025.

⑤ 本市国术练习所已立案者达八十四处［N］. 青岛公报，1947-1-19（5）.

⑥ 青岛市档案馆馆藏档案，档案号：B0024-001-01195-0020.

⑦ 青岛市档案馆馆藏档案，档案号：B0024-001-01195-0014.

⑧ 青岛市档案馆馆藏档案，档案号：B0024-001-01195-0013.

3月9日上午，国术馆招考第三期师范班学员。应考者100余人齐集演武场，拳术刀棍，各显其能，至午后考毕。原定于15日开学，因教室被九十六军眷属占用，短期不能腾出[①]，国术馆负责人各方奔走联络，设法解决[②]，无果而终[③]。

国术馆原计划于1947年度续办第三、四、五、六期国术师范班，培养国术师资，每期招60名，由国术馆供给膳宿，两个月毕业。2月第三期开学，3月毕业；第四期5月开学，6月毕业；第五期8月开学，9月毕业；第六期11月开学，12月毕业[④]。但因受经费不足、粮食短缺和办公处所被占等多重因素的影响和限制，计划被迫搁浅。

1948年，国术馆仍将续办师范班列入工作计划。拟续办两期，每期60人，由国术馆供给膳宿，两个月毕业。第一期3月筹备，4月开班，5月毕业。第二期8月筹备，9月开班，10月毕业[⑤]。此项计划无异于空中楼阁，难以实现。

① 2月26日，国术馆突被番号不明部队官兵，携带眷属200余人，强行占住礼堂、餐厅、第二、三科办公室、学员寝室及风雨操场。经查系九十六军留守眷属。初以为系临时居住，为日无多。国术馆直接与该部洽商，又电请警备司令部通知迁让。一月有余，几经交涉，仍未迁移。国术馆馆务难如计划推行，且占住眷属使用水电等费，致国术馆负担太重。并任意拆除木板之类，以供燃料。门窗玻璃亦毁坏甚多。4月5日，国术馆呈报市府。市长李先良据报签转警备司令部，饬令其克日迁出（引自青岛市档案馆馆藏档案，档案号：B0024-001-01199-0105.）。9月9日，市府具报，该军眷属于8月20日迁至胶州路3号（引自青岛市档案馆馆藏档案，档案号：B0024-001-01199-0107.）。实际并未完全迁移。1948年2月9日，青岛市政府向国防部第十一绥靖区司令部发送代电，转呈2月4日，青岛市国术界同仁代表萧鸿义等35人，恳请军队迁让占作眷属宿舍的国术馆（引自青岛市档案馆馆藏档案，档案号：B0024-001-00507-0013.）。3月5日，市长李先良接到国防部参谋总长陈诚签发代电，已饬警备司令部查办此案。3月8日，李先良批文转知国术界代表（引自青岛市档案馆馆藏档案，档案号：B0024-001-00507-0014.）。后事不详。

② 国术馆师范班新学员昨日举行拳术考试［N］. 青岛公报，1947-3-10（3）.

③ 参见青岛市档案馆馆藏档案，档案号：B0024-001-00376-0133.

④ 青岛市档案馆馆藏档案，档案号：B0024-001-0591-0009.

⑤ 据青岛市档案馆馆藏档案，档案号：B0024-001-00762-0095整理。

第六节　检定国术教员

青岛国术馆练习所及各机关团体学校国术教员，技术水平程度不一。教授得法者固不乏人，而技术低劣，滥竽充数者，亦或难免[①]。1947 年度，组织检定委员会，对国术教员实施检定甄别已纳入国术馆工作计划，借以提高国术教员素质。原拟 2 月筹备，3 月检定[②]。延迟至 5 月 24 日，国术馆呈请市府审核《青岛市国术馆国术教员检定委员会组织章程》《青岛市国术馆国术教员检定办法》[③]。经市府分别修正，5 月 31 日核准执行[④]。

国术馆决定举办国术教员检定，8 月 20 日至 9 月 5 日报名。凡青岛市现任中小学或国术练习所教员，及非现任而具资质者，均可请求检定。检定标准分列两种：无试验检定，由检定委员会审查其所缴证明文件决定；试验检定，由检定委员会审查其所缴证明文件，加以试验决定。受无试验检定者，须为国术馆师范班毕业者；国术馆各种训练班或练习所高级班毕业，曾充国术教员两年以上，确有成绩者。受试验检定者，则须为国术馆各种练习班或国术练习所毕业者；国术馆各种训练班或国术练习所肄业，曾充国术教员两年以上者；曾任国术教员三年以上者；练习国术确有专长者。受检定人员须缴纳毕业证书或修业证书，服务证书，本人履历书、志愿书及二寸半身近照 3 张。试验检定分学术两科，学科为国文、常识、口试，术科为拳术、器械、口令。检定合格有效期为两年[⑤]。（图 4–3）

①③ 青岛市档案馆馆藏档案，档案号：B0024–001–00832–0196.

② 青岛市档案馆馆藏档案，档案号：B0024–001–0591–0009.

④ 青岛市档案馆馆藏档案，档案号：B0024–001–00832–0200.

⑤ 愿充国术教员速往参加检定［N］. 青岛公报，1947–8–25（3）.

此次甄审国术师资，报名者240余人。民政局军事科高纶士任总裁判，市府派代表参加，李代芳议长亦出席[①]。报名者中符合无试验检定免试者66人。试验检定，10月分三期进行。5日，第一期与试者91人；10日，第二期与试者25人；12日，第三期与试者64人。三期共180人与试。学科最高分为30分，15分及格。术科包括枪刀棍剑拳五种，最高分为70分，45分及格，五种成绩平均计算。评定成绩及格，即发给检定合格证书[②]。

图4-3　青岛市国术教员检定合格证书

（采自《青岛武林百年》）

第七节　恢复国术练习所

七七事变后，青岛市国术同仁纷赴各处抗战，互失联系。1945年10月，青岛国术馆筹备复员。11月上旬，印制国术人员登记表，征集国术同仁登记，以资联络[③]。

1946年3月中旬，国术馆教务科长杨庆先，与同仁及本市国术名家成立国术研究班，参加者40余人。每周日集中国术馆，互相观摩交流，表演国术，以期精进[④]。这种临时性质的组织活动，自愿参加，未能维系长久。

① 本市国术教师检定［N］. 青岛公报，1947-10-6（3）.

② 国术馆检定师资继续举行考试［N］. 青岛公报，1947-10-13（3）.

③ 国术馆办理人员登记［N］. 青岛公报，1945-11-6（3）.

④ 国术馆设研究班［N］. 平民报，1946-3-15（3）.

之后，国术练习所逐渐恢复。8月，扩展至60余处。8月下旬，国术馆于朱家洼村成立第六十九练习所，所长朱光金；于哥庄成立第七十练习所①。至12月，国术馆所属练习所已恢复80余处②。

至1947年春节前夕，国术练习所向国术馆立案者84处，尚未获准者8处。然而，各练习所因场舍缺乏，多在荒郊广场练习，人数5000余人。各练习所在物价高涨之际，未能得到政府协助，对工作不无影响。各练习所学员，农界占半数，工商占半数，入所者每人仅收学费2000或3000元，贫寒者则予免费③。

为联络国术界人员感情，推进工作，国术馆召集各练习所所长数十人，1947年2月2日（正月十二日）上午11时，于国术馆大礼堂举行聚餐。各报记者同时参加④。午餐会由高芳先、高纶士主持。高芳先对各所长勖勉有加，高纶士以“一年之计在于春”为题演说，总结过去，策励未来⑤。

国术练习所数千学员中不乏优良人才。为施行奖励，国术馆通知各练习所，3月23日上午，于馆内操场举行全市初级学员国术会考。成绩优良者，发给合格证书⑥。23日，各练习所男女学员600余人到馆与试。考试科目为口试、潭（弹）腿、拳术三项。馆内教员监考，各学员精神抖擞，成绩甚佳。下午2时考试完毕⑦。

5月，国术练习所推广至100余处，而各练习所分布市内市外各区，国术馆按常规视察，往返困难。国术馆经费拮据，虽亟需脚踏车，又无力购置。闻知市府存储脚踏车，29日即申请拨发。7月15日，国术馆于

① 国术馆添设练习所［N］. 民众日报，1946-8-24（4）.
② 国术馆师范班昨补行开学礼［N］. 青岛时报，1946-12-16（3）.
③ 本市国术练习所已立案者达八十四处［N］. 青岛公报，1947-1-19（5）.
④ 国术馆昨日举行聚餐［N］. 青岛时报，1947-2-3（3）.
⑤ 国术馆昨午盛会［N］. 青岛公报，1947-2-3（3）.
⑥ 国术会考二十三日举行［N］. 民言报晚刊，1947-3-15（4）.
⑦ 国术馆考试昨日举行［N］. 青岛时报，1947-3-24（3）.

市府领到脚踏车 4 辆[①]。

8 月，国术练习所恢复 120 余处。此项工作推进缓慢，系受困于经费。市府规定，各练习所办公费，分甲乙丙三等拨给，每季甲等 7 万元，乙等 5 万元，丙等 3 万元。8 月上旬，春季办公费发放完竣[②]。

据《青岛市国术馆 1948 年度工作报告》，1947 年度国术馆所属练习所 138 处。1948 年度增设 7 处，共计 145 处。为增进工作效率，施行督导，国术馆派员分别调查，共计学员 5131 人[③]。

《青岛公报》1948 年 7 月 7 日第三版报道，七七事变前，青岛市国术馆所属练习所 180 余处。复员将近三年，至 1948 年 7 月，国术练习所恢复 160 余处[④]。时局所限，再无扩展余力[⑤]。

第八节　推进学校国术教育

国术馆培训国术师资，检定国术教员，提高国术教员素质，其目的在于尽快恢复国术练习所，向各机关团体学校选派教员，推动国术普及。

1946 年 8 月，国术师范班第一期临近毕业。国术馆呈请市府，令教育局转令各国民中心小学以上学校，一律增加国术科目，按抗战前旧例，分别向国术馆聘任国术教师。市长李先良批交教育局办理[⑥]。教育局长孟云桥请示市长后批示，市立私立各级学校，如需国术教师可迳向国术馆

① 青岛市档案馆馆藏档案，档案号：B0024-001-01180-0052.

② 提倡国术锻炼体魄［N］. 军民日报，1947-8-11（4）.

③ 青岛市档案馆馆藏档案，档案号：B0024-001-00376-0133.

④ 国术长足进展［N］. 青岛公报，1948-7-7（3）.

⑤ 1986 年，山东省体委武术挖掘办公室《山东省旧武术组织资料汇编》（山东省图书馆馆藏，索书号 G852/102：1），提供了有价值的资料。有限于科研条件，多以记录口述为主，未能核实，故与史料记载存有差异。

⑥ 青岛市档案馆馆藏档案，档案号：B0027-006-06172.

接洽，是项教师可酌酬车马费①。教育局对国术馆推广学校国术计划，未能给予重视和有利支持，工作进展远不理想。

1947 年 1 月下旬，国术馆函请市参议会函转教育局，请于下学期（春季）于市立私立各中小学添设国术课程②。参议会转函教育局查照办理③。

是时，青岛市立私立中小学 160 余校，若每校选派一名国术教员，费款甚巨，似不可行④。3 月下旬，教育局决定自下学期，普遍于市立各级学校添设国术科。市立中学、市立女中、沧口初中、李村师范四校，各设国术教员一人。小学设有高级者，市南区 4 校 17 班，设国术教员 2 人；市北区 3 校 17 班，台东区 3 校 21 班，各设国术教员 2 人；台西区 5 校 26 班，设国术教员 3 人；四方小学、李村小学各设 1 人，枣园小学、崂西小学各设 2 人⑤。全市共设国术教员 25 人⑥。

4 月 18 日，市立李村区上王埠小学，23 日市立李村区大埠东小学，5 月 2 日市立李村区朱家洼小学，呈报教育局，分别聘请王正龄（22 岁）、钟元先（22 岁）、钟巨才（26 岁）为国术教员。经教育局验明，三人均系国术馆第二期师范班毕业，准予备案⑦。

8 月 10 日，教育局令国术馆调派国术教员 25 名，分赴市区中小学担任国术教员。国术馆负责人认为，教员薪金每月每人 12 万 5000 元，待遇低微，不及学校工役，且学校多，教员数额少，工作难以分配⑧。下旬，中小学即将开学，国术馆由国术师范班第一二期毕业学员中选派的

① 青岛市档案馆馆藏档案，档案号：B0027-006-06162.

② 国术馆函市参会各校添设国术班［N］. 平民报，1947-1-29（3）.

③ 各级学校以国术为必修［N］. 青岛公报，1947-1-29（5）.

④ 青岛市档案馆馆藏档案，档案号：B0027-006-05535.

⑤ 各中小学校下学期设国术科［N］. 青岛公报，1947-4-9（3）.

⑥ 教局拟于各校增添国术教科［N］. 青岛时报，1947-4-9（3）.

⑦ 青岛市档案馆馆藏档案，档案号：B0027-006-08254.

⑧ 提倡国术锻炼体魄［N］. 军民日报，1947-8-11（4）.

国术教师，因所发待遇太低，皆不愿前往就任。值兹米珠薪桂、物价飞涨之际，实不能维持生计。教育局为免耽误各校国术课程，几经调整，将国术教员薪俸增至44万元①。

9月6日，国术馆呈请教育局，提高国术教员薪俸，要求与普通教员相等。10月7日教育局呈请市府，20日市府核准。22日，教育局函知国术馆，各学校国术教员待遇，自1948年度起，照国民学校教员待遇支给②。

9月12日，国术馆致函教育局，汇泉中心国民学校等函聘徐汉臣，张村中心国民学校聘定陈希善，李村中心国民学校聘定李汶声（文升），夏庄中心学校等聘定韩嘉禄，侯家庄中心国民学校等聘定吕可存，石老人中心国民学校等聘定段永章为国术教员。其他各校国术教员，由国术馆选派竣事③。（表4–1）

表4–1　青岛市国术馆国术教员分派清单④

姓　名	服　务　学　校	备　考
纪炎昌	市立中学	
杨钧韶	市立女子中学	
常倜斋	沧口中学	
孙玉秀	市立李村师范	
徐汉臣	汇泉小学等	
陈希善	张村小学等	
李文升	李村小学等	
韩嘉禄	夏庄小学等	
吕可存	侯家庄小学等	
段永章	石老人小学等	
王汇东	太平路小学、北平路小学	

① 各校增添国术教师待遇问题费煞周折［N］. 军民日报，1947-8-23（3）.

② 青岛市档案馆馆藏档案，档案号：B0027-006-05535.

③ 青岛市档案馆馆藏档案，档案号：B0027-006-05557.

④ 据青岛市档案馆馆藏档案，档案号：B0027-006-05557 整理。

（续表）

姓名	服务学校	备考
魏凤岗	江苏路小学、黄台路小学	
张文亮	绥远路小学、顺兴路小学	
齐世训	临邑路小学、黄台路小学	
张孝宽	浮山所小学、台东六路小学、天门路小学	
薛春祥	濮县路小学、云南路小学	
孟庆杰	朝城路小学、汶水路小学	
阎恒孝	小村庄小学、东盐滩小学	
戴丕琪	沧口小学、枣园小学、板桥坊小学	
杨福江	吴家村小学、湛山小学、辛家庄小学、大麦岛小学	
田秀云	仙家寨小学、赵哥庄小学、惜福镇小学、营村小学	
齐世耀	女姑山小学、双埠小学、南渠小学、徐家庄小学、丹山小学、源头小学	
李绍喜	北九水小学、周哥庄小学、杏里小学、九水小学、乌衣巷小学、晖流小学、孙家庄小学、北龙口小学	
邢川福	晓望村小学、青山小学、东葛家小学、王哥庄小学、常家村小学	
滕学琚	小水清沟小学、四方小学、大水清沟小学	

1948 年 1 月 19 日，国术馆函知教育局，国术馆现任各中小学校国术教员，因校址远近关系，跋涉实感困难。为上课便利，将国术教员重新分配，附呈教育局市立中小学国术教员分配表。由于各校多不明原因，纷请国术馆保留原国术教员。2 月 6 日，国术馆再致教育局，解释现时重新分配，并非教员优劣，纯系适时调度。（表 4–2）

表 4–2 青岛市 1948 年度市立中小学国术教员分配表①

主聘学校	人数	授课学校	教员姓名
市立江苏路小学	一人	江苏路、太平路	魏凤岗
汇泉	一人	汇泉、市立女中	徐汉臣
云南路	一人	云南路、濮县路	王汇东

① 青岛市档案馆馆藏档案，档案号：B0027-006-00242-0001.

（续表）

主聘学校	人数	授课学校	教员姓名
朝城路	一人	朝城路、广东路	周德章
北平路	一人	北平路、绥远路	薛春祥
汶水路	一人	汶水路、市立中学	孙玉秀
黄台路	一人	黄台路、临邑路	杨钧韶
台东六路	一人	台东六路、吴家村、仲家洼	萧鸿义
顺兴路	一人	顺兴路、天门路	齐冠卿
四方	一人	四方、小村庄、湖岛	滕学琚
大水清沟	一人	大水清沟、小水清沟、阎家山、东盐滩	阎恒孝
沧口	一人	沧小、沧口中学	常倜斋
枣园	一人	枣园、板桥坊	王立珂
浮山所	一人	浮山所、湛山、大麦岛、辛家庄	王日升
王哥庄	一人	王哥庄、晓望、港东、青山、华严寺	武凤桐
常家村	一人	常家村、浦里、东葛家	邢福川
萧家村	一人	萧家村、后韩家、宿流、东大洋、西大洋、阳村、邵哥庄	于玑修
夏庄	一人	夏庄、黄埠、沙沟、华阴、色峪、杨家村	韩家禄
仙家寨	一人	仙家寨、赵哥庄、徐家庄、双埠、女姑山	田修云
源头	一人	源头、小水、黑涧、丹山、南渠	齐世耀
惜福镇	一人	惜福镇、金村、院后、松树庄、傅家村、营村、曹村	李文（声）升
九水	一人	九水、北龙口、南斋、北九水、汉河	孟庆杰
登瀛	一人	登瀛、大河东、段家埠、董家埠、姜哥庄	李绍喜
乌衣巷	一人	乌衣巷、孙家村、五龙涧、香里、梁家村、周哥庄、上葛场、晖流	吕可存
曲哥庄	一人	曲哥庄、李村师范、李村小学	李江声
李村	一人	东李村、上王埠、下王埠、郑村、侯家庄	杨福江
下河	一人	上流、上臧家、沟崖、鸿园、下河	李宾亭
河西	一人	河西、韩家庄、大埠东、双山、浮山后	刘云甫
朱家洼	一人	朱家洼、午山、山东头、石老人	钟巨才
张村	一人	张村、张家下庄、枯桃、车家下庄	陈希善

此次重新分配，增加国术教员 5 人，计为 30 人。主聘学校扩大至 30 所小学，授课学校扩展至 112 校。

国术馆对于学校国术的开展并不满足，力图恢复战前国术纳入学校体育毕业会考的状态。5 月 27 日，国术馆致函市府：七七事变前，青岛市运动会，国术与其他体育项目平等；国术列为中小学校课程之一，如会考时国术分数不及格者，亦不能准予毕业。抗战胜利后，国术在各校体育项目中，并无分数（不占比例）。学生对于国术兴趣日渐低落。如此情形，实难推广。恳请市府转饬教育局，将国术列入各校课程，以作倡导。

6 月 25 日，教育局函复国术馆：查中小学同业课程标准内，有自卫活动一项，包括拳术、劈刺、击剑、角力、摔角等。国术已包括同业课程内，单独列为课程与课程标准不合①。教育局不情愿配合国术馆推广学校国术，归因于经费支绌。

第九节 举办国术市考

按《青岛市国术馆 1947 年度工作计划》，国术市考原拟 4 月筹备，5 月举行②。迟至 1947 年第四季度，国术市考事宜才列入议事日程。

国术馆决定于 10 月 26 日至 27 日，于临清路第三公园举行全市国术比赛③。嗣因时间仓促，筹备不及④，筹委会决定改于 11 月 9 日至 10 日于汇泉体育场举行⑤。11 月上旬，国术馆参酌青岛市历届国术赛会情形，拟具《青岛市国术比赛大会筹备委员会简则》⑥，分组工作。

① 青岛市档案馆馆藏档案，档案号：B0027-006-05620.

② 青岛市档案馆馆藏档案，档案号：B0024-001-0591-0009.

③ 国术比赛定期举行 [N]. 民报，1947-10-17（4）.

④ 国术比赛下月上旬举行 [N]. 大民报，1947-10-23（2）.

⑤ 国术比赛报名者踊跃 [N]. 青岛公报，1947-10-29（3）.

⑥ 青岛市档案馆馆藏档案，档案号：B0024-001-00756-0186.

此项赛事是抗战胜利后，青岛市首次，也是唯一一次国术市考。大会聘请山东省主席王耀武、青岛警备司令部司令丁治磐为名誉会长，市长李先良为会长，高芳先等为副会长。高纶士任总裁判，赵逢珠、杨钧韶任副总裁判。大会总务组下设文书、事务、会计三股。杨钧韶任竞赛组长，纠察组由警察局派员担任。社会各界自由参观。

截止11月7日，甲组报名135人，乙组报名157人。甲组拳术（散打）130人，长兵120人，短兵120人，摔角93人；乙组拳术155人，长兵146人，短兵145人，摔角116人。女子报名者佟秀兰、陈桂兰（莲）、王秀美、彭秀兰、李振玉，因不足20人，不进行比赛，以表演评定成绩[①]。

9日晨，大雾漫漫，国术比赛大会于10时开幕。李市长、警备司令部单副司令（丁司令代表）、孟云桥局长、高芳先总队长、市党部马献三委员，及各机关代表300余人出席。李市长主席，报告此次比赛意义，单副司令、孟局长、高芳先相继致辞，语多勖勉[②]。开幕仪式后，全体应试员由乐队前导绕场一周。之后，分别抽签，开始比赛[③]。

比赛分甲乙两组，共八个项目。比赛采用单淘汰制，每二人一组，胜者获得决赛权。入围决赛者，甲组拳术48人，摔角25人，长兵43人，短兵38人；乙组拳术60人，长兵58人，短兵57人。至晚6时，日暮苍茫，乙组摔角仍在进行[④]。

10日上午8时，大会继续进行，由副会长高芳先，总裁判高纶士主持，与赛者仍300余人。长兵、短兵、摔角、拳术分四场同时比赛[⑤]。拳术预赛初起顺利。10时许，第三十二国术练习所学员潘圣颐与第一练习

① 本市国术比赛大会明晨在体育场揭幕［N］. 青岛公报，1947-11-8（3）.

② 国术赛今晨揭幕［N］. 民言报晚刊，1947-11-9（4）.

③ 国术比赛今晨揭幕［N］. 青岛公报，1947-11-9（3）.

④ 国术比赛会昨日开幕［N］. 青岛时报，1947-11-10（3）.

⑤ 国术赛竞演全武行［N］. 大民报，1947-11-11（2）.

所学员孙志永竞技，孙被潘打倒，孙表示不服，谓潘于昨日曾参加甲组比赛，今日为乙组比赛。孙向评判员提出异议，大加指责。复邀约第一练习所学员向第三十二练习所学员大兴问罪之师。第三十二练习所学员不甘示弱，遂揭开战幕，大演武剧。彼此追逐，肉搏冲锋，只打得鼻青脸肿，头破血流。会场秩序大乱。终以孙方人少，大为失利。孙被打得乱窜乱跑，躲入指挥台，又奔进纠察组，情态困窘。双方混打历一小时之久，比赛无法进行。大会副会长高芳先决定，第一和第三十二练习所不准参加此次比赛，一律退出场外；两练习所是非评判后，理曲方永远不准设立国术练习所，不准参加任何集会比赛。由警察维持会场秩序，调查处理①。

下午乙组拳术比赛，又因裁判失误，致某练习所请愿，全体退赛。裁判员谨慎评判，参赛双方每战一回，四位裁判员即会商一气。研判时间长于比赛时间，观众颇不耐烦②。摔角预赛因与赛者兼赛拳术，长兵、短兵亦有赛员兼项，而致赛程延迟③。加之比赛采用双淘汰制，迄至日暮，仅拳术决赛完毕。比赛不得不顺延至次日，竞赛改为单淘汰制④。

11 日，大会移至国术馆继续进行。比赛项目为长兵、短兵、摔角。虽天气骤寒，冷风砭骨，而赛员仍精神抖擞，毫不畏缩。观众 400 余人。上午比赛，仅选出甲组摔角优胜者 7 人，长兵优胜者 7 人，短兵优胜者 6 人；乙组摔角优胜者 7 人。待乙组长短兵比赛选出优胜者后，甲乙两组三项再合组比赛，各取六名⑤。

12 日，赛程进入第四日，仍于国术馆进行。长兵、短兵、摔角决赛，选手决斗格外火爆，一个个抖擞精神，攻守谨慎，观众情绪随交战疾徐

① 汇泉国术比赛场上今晨演群殴血剧［N］. 民言报晚刊，1947-11-10（4）.

② 会场花絮［N］. 青岛公报，1947-11-11（3）.

③ 国术比赛第二日［N］. 青岛公报，1947-11-11（3）.

④ 国术赛竟演全武行［N］. 大民报，1947-11-11（2）.

⑤ 国术赛今晨战绩［N］. 民言报晚刊，1947-11-11（4）.

一张一弛，或惊或喜。长短兵比赛，负者多满身满脸红土，出汗后随手一摸，就像戏剧里的小花脸①。至 10 时，各项决赛完毕。比赛结果，拳术第 1 名李月明，第 2 名张洪安、第 3 名陈殿武、第 4 名曹俊平，第 5 名曹登选，第 6 名马公山；短兵第 1 名吴立继，第 2 名宫兆财，第 3 名王立珂，第 4 名李仁宫，第 5 名曹俊平，第 6 名张建泉；长兵第 1 名王立珂，第 2 名曹登选，第 3 名曹忠惠，第 4 名王钜先，第 5 名张贵宾，第 6 名李月明；摔角第 1 名王立珂，第 2 名宫兆财，第 3 名曲立恺，第 4 名张继良，第 5 名张贵宾，第 6 名吴凤相。总分第 1 名王立珂，第 2 名宫兆财，第 3 名曹登选，第 4 名李月明，第 5 名曹俊平，第 6 名张贵宾，第 7 名吴立继，第 8 名张洪安②。

比赛结束后，自由表演。各组优胜选手，各练习所教师，国术馆男女小学生，及国术界老前辈多人参加表演。一时刀光剑影，观众掌声雷动，实为四日来最精彩一幕。国术馆教师杨钧韶、杨庆先、孙玉秀、姜爱兰、石秀兰参加表演③。（图 4–4、图 4–5）

图 4–4　1947 年青岛第六纺织厂参加国术市考合影（采自《青岛武林百年》）

①③ 国术比赛会场拾零［N］. 青岛公报，1947–11–13（3）.

② 国术比赛今日闭幕［N］. 青岛晚报，1947–11–12（4）.

图 4–5　1947 年青岛国术市考第六十练习所全体师生合影（采自《青岛武术百年》）

12 时，举行闭幕式。李市长亲临主持，即席致辞，高芳先、高纶士相继致辞勉励①。辞毕即于悠扬军乐声中，李市长亲手颁奖。优胜者领奖时，观众掌声雷鸣，受奖者莫不喜气洋洋②。至午后 1 时许，摄影闭幕③。

国术市考结束后，总分第 1 名得主王立珂，被驻军某部战车营聘为国术教官④。

第十节　协办市运会国术表演比赛

1946 年至 1948 年，青岛市教育局主持召开春秋两季运动会，均将国术列入表演比赛项目。

1946 年春运会，5 月 17 日至 18 日于汇泉体育场举行。国术表演比赛结果录取，男甲单拳姜秉泰、赵瑞璋、马宗仁；单器械刘汉西、傅佳宾、陈若萍；对拳齐冠卿、张茂宽；对器械刘振江、姜秉泰、刘振友。男乙单拳杨锦彰（章）、马宗荣、黄桂明；对拳王新民、王立山，李学仁、曾富仁，孟连池、孙俊德；单器械赵元发、孙贵侣、李金贵；对器

① 国术比赛闭幕［N］. 民言报，1947–11–13（3）.
② 国术比赛会场拾零［N］. 青岛公报，1947–11–13（3）.
③ 国术比赛圆满闭幕［N］. 青岛公报，1947–11–13（3）.
④ 战车营增加国术［N］. 青岛时报，1947–12–2（3）.

械赵志发、范森荣。男子摔角杜玉山、张存先、杨振兴。女子组单拳刘俊素、李玉珍、白存贞；单器械李玉珍、白存贞、刘玉英；对拳周爽仁、白存贞。团体总分第 1 名国术馆，第 2 名第二十四练习所①。

两日国术比赛参赛者生龙活虎，国术表演尤为精彩。美国记者请求摄制影片，寄回美国放映。17 日，大会副会长高芳先应邀表演了行（形）意拳②。18 日，保安总队国术教官常倜斋（秉毅）及国术馆科长杨庆先“铁板桥”“排肋”，令人咋舌。老武术家刘曰秀年逾 70，表演铁尺排打硬功，博得市长嘉许及观众好评③。刘曰秀曾参加胶东抗战，其气功确有独到之处，欲寄身国术界。大会为其特别订制了小型银杯，以示鼓励④。

1946 年秋运会，10 月 25 日至 26 日于汇泉体育场举行⑤。国术评判长高芳先，评判员张季龙、杨庆先、高纶士、钟寿山，记录员臧松五（醒吾）、孙玉秀、周德章、王海亭、杨庆先、高纶士、钟寿山、姜爱兰、张永昌，指挥员常倜斋（秉毅）、陈学德、臧松五（醒吾）、孙玉秀、王海亭、杜伟岚、戴丕起、孟益三，管签员纪炎昌、姜爱兰，布置员杜伟岚、戴丕起，宣传员孟益三、张永昌，摔角评判员张季龙、常倜斋（秉毅），长兵评判员杨庆先、纪炎昌，短兵评判员钟寿山、周德章，拳术评判员高纶士、陈学德⑥。

25 日上午，国术表演项目，男子甲组单器械、对器械，冀鲁针厂形意拳；比赛项目，男子组摔角初赛。下午表演项目，男子甲组单拳、对拳；比赛项目，男子组摔角复赛⑦。比赛结果，男甲组单器械，第 1 名仲延财（第二十五练习所）、第 2 名赵瑞璋（第四十九练习所）、第 3 名孟

① 春季运动会第二日［N］. 平民报，1946-5-19（3）.

② 春运大会拾零［N］. 青岛公报，1946-5-18（3）.

③ 国术表演摄制影片［N］. 青岛公报，1946-5-19（3）.

④ 春运会第二日大会花絮［N］. 青岛公报，1946-5-19（3）.

⑤ 秋季体育运动大会今日在汇泉体育场举行［N］. 青岛时报，1946-10-25（3）.

⑥ 大会职员一览表［N］. 军民日报，1946-10-25（6）.

⑦ 国术比赛及表演［N］. 军民日报，1946-10-25（6）.

庆杰（第五十四练习所）；对器械第 1 名杨玉璋、张宝泉（第五十四练习所），第 2 名赵显光、王彩忠（第三十二练习所），第 3 名马公山、韩正明（第三十练习所）；单拳第 1 名姜秉泰（第三十七练习所），第 2 名任国忠（第三十练习所），第 3 名陈若萍（国术馆）；对拳第 1 名姜秉泰、耿连增（第三十七练习所），第 2 名赵显光、王彩忠（第三十二练习所），第 3 名高茂先、孙凤举（抗建中学）；摔角第 1 名王锡九（国术馆），第 2 名曹登岩（第六十练习所），第 3 名丁宝山（第五十五练习所），第 4 名戴德华（第四十二练习所）[①②③]。

26 日上午，国术表演项目，男子乙组单器械、对器械，女子组单器械、对器械；下午表演项目，男子乙组单拳、对拳，女子组单拳、对拳[④]。是日冷风习习，观众寥寥无几，国术表演颇为精彩[⑤]。比赛结果，男子乙组单器械第 1 名王连池（第三十二练习所），第 2 名范森荣（第四十五练习所），第 3 名张贤祥（第二十三练习所）；对器械第 1 名刘振友、刘振江（朴刀枪，第三十六练习所），第 2 名王金武、张清之（月牙铲进枪，第四十五练习所），第 3 名赵元发、范森荣（三节棍进枪，第四十五练习所）；单拳第 1 名王金武（第四十五练习所），第 2 名李玉清（国术馆），第 3 名马宗瑩（第三十练习所）；对拳第 1 名王连池、孙德俊（第三十二练习所），第 2 名刘振友、刘振江（第三十六练习所），第 3 名丁连芳、马宗瑩（第三十练习所）。女子组单器械第 1 名李玉珍（双钩），第 2 名李智文（剑术），第 3 名徐建华（剑术）；对器械第 1 名白存贞、周爽云（单刀枪，国术馆），第 2 名张秀英、陈玉平（对打，国术馆），第 3 名张淑芳、李国英（单刀枪，国术馆）；单拳第 1 名白存贞（国术馆），第 2

① 国术记录 [N]. 公言报，1946-10-27（3）.
② 国术比赛成绩 [N]. 军民日报，1946-10-26（7）.
③ 秋季运动会之国术项目 [N]. 青岛时报，1946-10-26（3）.
④ 国术项目 [N]. 军民日报，1946-10-26（7）.
⑤ 男女演员显奇技 [N]. 民言报晚刊，1946-10-26（4）.

名李淑珍（太平路小学），第 3 名王玉仙（国术馆）；对拳第 1 名杨鸿莲、李玉珍（国术馆），第 2 名白存贞、周爽云（国术馆），第 3 名李淑珍、李智文（太平路小学）[①②③④⑤]。团体总分第 1 名国术馆，第 2 名第四十五练习所，第 3 名第三十练习所。冀鲁针厂获表演奖[⑥]。

1947 年春运会，5 月 16 日至 17 日于汇泉体育场举行。16 日上午男子甲组单拳表演，男子甲组对器械表演，男子组摔角初赛；下午男子甲组单器械表演，男子甲组对拳表演，男子组摔角决赛[⑦]。17 日上午男子乙组单拳表演、男子乙组对器械表演、女子组单拳表演、女子组对器械表演，下午男子乙组单器械表演、男子乙组对拳表演、女子组单器械表演、女子组对拳表演[⑧]。

比赛结果，男子摔角第 1 名张所春，第 2 名宋作洲，第 3 名曲礼桂，第 4 名林鹤月；男甲单拳第 1 名姜秉泰，第 2 名于德武，第 3 名刘振友；男甲对器械第 1 名张建泉、张建清，第 2 名刘振友、刘振江，第 3 名滕岳阁、宇守堂；男甲剑术第 1 名赵瑞璋，第 2 名张建泉，第 3 名张建清；男甲棍术第 1 名贾守成，第 2 名姜锡三，第 3 名王佩林；男甲对拳第 1 名张建清、张建泉，第 2 名刘振江、刘振友，第 3 名单人杰、张继顺；男甲枪术第 1 名仲延财，第 2 名刘常忠，第 3 名陈秉忠；男甲刀术第 1 名姜秉泰，第 2 名王鸿臣，第 3 名姜锡五[⑨]。团体总分第 1 名国术馆，第 2 名第四十五练习所，第 3 名第五十四练习所[⑩]。

---

① 男女演员显奇技［N］. 民言报晚刊，1946-10-26（4）.
② 国术记录［N］. 公言报，1946-10-27（3）.
③ 秋季运动会第二日［N］. 青岛时报，1946-10-27（3）.
④ 秋运会展期一天［N］. 青岛公报，1946-10-27（5）.
⑤ 国术比赛成绩［N］. 军民日报，194-10-27（6）.
⑥ 秋运大会圆满闭幕［N］. 青岛公报，1946-10-28（5）.
⑦ 国术比赛及表演［N］. 军民日报，1947-5-16（4）.
⑧ 国术表演程序［N］. 军民日报，1947-5-17（4）.
⑨ 国术比赛健将题名［N］. 青岛公报，1947-5-17（3）.
⑩ 国术团体成绩［N］. 青岛公报，1947-5-18（3）.

1948 年春运会，6 月 5 日于汇泉体育场举行，会期一天，只举行中等学校联合运动会。上午表演项目，男子乙组单器械、女子组对器械、男子甲组单拳、男子乙组对拳、女子组单拳、男子甲组对器械。比赛项目，男子中量级举重、男子乙组摔角。下午表演项目，男子乙组单拳、女子组对拳、男子甲组单器械、男子乙组对器械、女子组单器械、男子甲组对拳。比赛项目，男子轻量级举重、男子甲组摔角①。参赛者 380 余人，表演比赛项目 600 余人次②。

比赛结果，男甲单拳冠军姜秉泰（市中），男乙单器冠军张建清（国术馆），女子对器械冠军田芳娥、王桂英（国术馆），男乙组摔角冠军王思孔（中纺），男乙组对拳冠军张宝泉、杨金章（第八十八练习所），男甲组对器械冠军刘振江、刘振友、姜秉泰（市中）③。个人成绩，男子甲组第 1 名刘振友，第 2 名姜秉泰，第 3 名刘振江；男子乙组第 1 名孙克选，第 2 名赵振兴，第 3 名杨锦（金）章；女子组第 1 名白存贞，第 2 名陈莉莉，第 3 名刘翠兰。团体总分第 1 名国术馆，第 2 名市立中学，第 3 名第八十八练习所④。

举重比赛结束后，国术总裁判高芳先兴之所至，一展身手，将 180 斤石墩轻举过头。观众喝彩，掌声雷动⑤。

1948 年秋运会，10 月 17 日至 19 日，举行三天⑥。17 日，于汇泉体育场开幕⑦。比赛结果，男甲单拳第 1 名韩凤歧（第二十九练习所），第 2 名张建泉（国术馆），第 3 名孙业松（第三练习所）。摔角第 1 名张云德（中纺六厂），第 2 名张本尧（第六十四练习所），第 3 名张进明（中纺六

① 国术比赛及表演［N］. 军民日报，1948-6-5（4）.
② 国术表演次数多［N］. 青岛晚报，1948-6-5（4）.
③ 春运会晨开幕［N］. 青岛晚报，1948-6-5（4）.
④ 国术表演个人成绩［N］. 军民日报，1948-6-6（4）.
⑤ 春运大会花絮［N］. 青岛公报，1948-6-6（3）.
⑥ 本市（年）度秋运大会扩大举行三天［N］. 军民日报，1948-9-21（4）.
⑦ 秋运会明开幕［N］. 平民报，1948-10-16（3）.

厂）。单器械枪术第1名田永新（华新公司），第2名姜锡三（第十一绥区勤务营），第3名朱洪修（中纺六厂）；刀术第1名张建泉（国术馆），第2名姜锡三（第十一绥区勤务营），第3名刘子臣（华新公司）；剑术第1名赵瑞章（第三十九练习所），第2名张建清（国术馆），第3名姜锡三（第十一绥区勤务营）。女子单拳第1名仪秀兰（第五十四练习所），第2名赵淑英（第七十一练习所），第3名韩桂英（第三练习所）。男乙单器械棍术第1名赵振兴（第二十九练习所），第2名赵守愿（第二十九练习所），第3名吴守昌（第三练习所）；枪术第1名赵守愿（第二十九练习所），第2名赵元发（蕴商），第3名纪福尚（中纺六厂）；剑术第1名张玉清（国术馆），第2名任忠义（第八十八练习所），第3名张庚先（第一练习所）；刀术第1名刘宗林（国术馆），第2名李庆仪（第三十练习所），第3名吕云山（国术馆）。对拳第1名戴升峰、赵守愿、赵振兴（第二十九练习所），第2名陈学福、江崇慎（第八十九练习所），第3名宫进安、于文祥（第八十八练习所）[①]。

第十一节　备赛第七届全运会

1948年3月28日[②]，青岛市参加第七届全国运动会国术选手，于国术馆选拔完竣。参选者40余人，选拔拳击选手孙凤初、王守仁、马公山、韩介裕、曹登聪、曹登安、吴立纪、曹俊耀、曹登选、郝凌恩；摔角选手杨庆泰、于富禄、曹登聪、张贵宾、曹登岩、王文和、申鹍、杨鹏；举重选手李秉诚、韩介裕、李银堂、杨进鹏、李剑秋；拳术器械表演选手陈莉莉（女）、姜秉泰、马公山、郝凌恩、韩介裕。参加全运会各项选手人数决定后，教育局再定国术选手人数，选拔成绩最优者参加[③]。

① 国术竞赛倍极精彩［N］. 青岛健报，1948-10-18（4）.

② 选拔国术选手参加七届全运［N］. 青岛公报，1948-3-23（3）.

③ 参加全运国术选手国术馆初选决定［N］. 青岛晚报，1948-3-29（4）.

4月4日，国术初选人员进行决选，去芜存菁。4月9日起，每晚6时至9时，于国术馆操场训练，12日再行决选。嗣因市府经费无法补助，教育局决定国术选手停止赴沪参赛。警察局选派教官孙玉君、刘汉赴沪参赛①。孙玉君摔角获重量级第4名②，器械（龙形双剑）获第5名。③

第十二节　国术馆务及时运

青岛国术馆设立之初，客籍国术名手杨明斋、高凤岭、韩冠洲、向宗鼎等群英会集，人才济济。乃自敌寇凌夷，国术人员负于爱国热情，随沈前市长退出青岛，转战鲁豫，国术馆无形解散。抗战胜利，敌寇降伏，国术馆遂应运而兴，恢复以往工作④。然而，此时青岛国术馆已物是人非。战前国术馆主要成员向宗鼎于七七事变后返回家乡湖北长阳，杨明斋1942年抗战牺牲，高凤岭1944年去世。韩冠洲一度任职警察局清洁队视察队长，1946年3月中旬借故离开青岛赴济南谋生⑤。

因限于经费，国术馆暂设三科。总务科长臧翔枢，教务科长杨庆先，编审科长钟寿山。科员9人，分担各科事务。1946年1月上旬，馆中男女学员已招生400余人。女子练习班由刘俊芳、姜爱兰负责指导，男子练习班教授为杜伟岚与纪炎昌⑥。

1946年1月，已临近春节，国术馆呈报预算尚未批准。14名员工生活问题亟待解决。23日，国术馆呈请市长李先良，先行请领面粉14袋。李先良批交庶务股核办，庶务股回复，碍难照发⑦。

---

① 本市国术选手因无路费不能参加［N］. 青岛晚报，1948-4-12（4）.

② 王振亚. 旧中国体育见闻［M］. 北京：人民体育出版社，1983：182.

③ 摔角比赛改今日举行［N］. 申报，1948-5-9（7）.

④⑥ 鲜于海. 青岛市国术馆负锻炼国民体魄重责［N］. 平民报，1946-1-9（4）.

⑤ 青岛市档案馆馆藏档案，档案号：A0019-002-00190-0148.

⑦ 青岛市档案馆馆藏档案，档案号：B0024-001-01132-0138.

春节过后，国术馆为维持员工生活，呈请市府每人每月发给面粉一袋，杂粮20斤。以14人计算，1至6月份一次发给，由国术馆按月自行分发。李市长批示，照14人发3个月，面粉每月各一袋，杂粮无。国术馆奉令，3月7日向粮服统筹委员会如数领取①。

国术馆内部事务步入轨道，即致力于推动各机关团体学校，及社会国术活动的开展。8月13日，国术馆致函港务局，如聘国术教师，希即来函，国术馆将择优推荐。16日，港务局函复，该局员工体育会正在筹划，拟成立后再行约聘②。9月13日，教务科长杨庆先奉函前往港务局，洽商组织国术团体事宜③。11月6日，杨庆先被港务局聘为国术教员，系义务职，除车马费外，不另支薪④。

9月上旬，青岛市青年会国术训练班开始招生，聘周永祥为教授，每晚7时至8时授课。教授少林（拳）、太极（拳）、形意拳，及刀枪棍剑，四个月毕业，期满发给证书⑤。9月下旬，中纺公司青岛第六纺织厂聘请齐世耀为国术教员。每日下午7时半至9时半练习国术⑥。市府社会局照例组织业余文体活动，国术颇受职员欢迎⑦。

12月，市府奉国民政府北平行辕训令，国民参政会第四届第二次大会建议，宽列经费，积极提倡国术。中央政府完全采纳⑧。其办法第二项规定，党政军各机关团体应积极提倡业余运动，裨益身体健康，增进服务效率。其经费由本机关经费开支。市府奉令转饬各机关遵照办理⑨。国

---

① 青岛市档案馆馆藏档案，档案号：B0024-001-00401-0091.

② 青岛市档案馆馆藏档案，档案号：B0033-001-00293-0154.

③ 青岛市档案馆馆藏档案，档案号：B0033-001-00293-0153.

④ 青岛市档案馆馆藏档案，档案号：B0033-001-00030-0024.

⑤ 本市青年会设国术班［N］. 青岛公报，1946-9-5（3）.

⑥ 青岛市档案馆馆藏档案，档案号：B0041-007-00289-0001.

⑦ 业余进修会国术最吃香［N］. 公言报，1946-10-1（3）.

⑧ 参政会提倡国术建议［N］. 平民报，1946-12-3（3）.

⑨ 积极提倡国术市府奉令办理［N］. 公言报，1946-12-13（3）.

术馆向市府递交《青岛市国术馆 1947 年度工作计划》[①]。

国术界人士守诺重信，国术馆教职员无不如此。尽管办学经费不足，薪俸低得可怜，但其首重义气与交情。经历了战争洗礼，他们努力协作，乐于奉献[②]。与其他省市相比，青岛国术馆虽复员较早，但勉强支撑，步履维艰。

1947 年 1 月，国术馆拥有教职员 20 人，工友 4 人[③]。教员年龄最长者为杨钧韶（64 岁）、王玉鹏（65 岁，安邱人）。女子教师姜爱兰、刘俊芳、石秀兰[④]。国术馆开办练习班 4 班，每班 80 余人，已毕业 36 人。女子练习班 1 班 70 余人，已毕业 30 人[⑤]。（图 4–6）

图 4–6　青岛市国术教员检定合格证书

（采自《青岛武林百年》）

4 月 24 日，国术馆呈请市府转令各机关学校一律增加国术一科。所需教员，国术馆从优选派[⑥]。

10 月，国术馆向市府递交《1948 年青岛市国术馆工作计划》[⑦]。下旬，经市府核准，国术馆于沧口大马路 167 号设立摔角训练班。定额 150 名，考试入学[⑧]。

1948 年，通货膨胀，物价飞涨。国术馆每月办公费仅 2394000 元，

① 据青岛市档案馆馆藏档案，档案号：B0024–001–0591–0009 整理。

② 今日的国术馆［N］. 青岛晚报，1947–1–19（4）.

③⑤ 本市国术练习所已立案者达八十四处［N］. 青岛公报，1947–1–19（5）.

④ 看去弱不禁风却是儿女英雄［N］. 民报，1947–11–10（4）.

⑥ 引自青岛市档案馆馆藏档案，档案号：B0024–001–01195–0012.

⑦ 据青岛市档案馆馆藏档案，档案号：B0024–001–00762–0095 整理。

⑧ 国术馆筹设摔角训练班［N］. 青岛公报，1947–10–21（3）.

其他杂费不敷支配。购买办公用品，实感困难。3 月 24 日，国术馆不得不向市府请领洋连纸两件，毛边纸一件。市长李先良为维持国术馆工作，只好批准①。

3 月 24 日，为中央国术馆成立二十周年纪念日。央馆函请各地国术馆选派代表参加纪念活动。因时间仓促，青岛国术馆以馆长李先良、副馆长高芳先及青岛市国术界同仁名义，赠予软缎锦匾，以资纪念②。24 日，中央国术馆于南京励志社举行纪念创立二十周年典礼。馆长张之江感言：抗战胜利后，山东、河南、安徽、四川、江西、南京、北平、天津、重庆、青岛等省市国术馆相继恢复，尤以青岛办理较有成绩。自行开班，训练国术人员，推进工作，中小学已多能延聘国术教师③。青岛国术馆工作业绩得到央馆肯定。

4 月中旬，国术馆筹设摔角班开始报名，5 月上旬报名人数超过百人，大多系各练习所优良学员，以及社会适龄青壮年。原定 9 日上午 12 时，于国术馆操场举行开学典礼。因当天日食，恐时间冲突，临时决定改期举行④。该班是否开办，再无报道。是年国术馆工作计划大多落空。

1948 年 5 月，国术人员至国术馆报到登记者已达 70000 人。各机关、团体纷纷向国术馆聘请国术教员。国术馆为甄拔真才，曾举行国术教员检定，及格者发给证书，不及格者继续训练。国术馆发出通知，凡各机关团体学校，欲聘请国术教员，可迳向国术馆函聘，被聘人员亦须有本馆师范班毕业证书，及国术检定合格证书。无此证件者不得充任国术教员⑤。5 日，市府令饬各机关酌量自行聘请教师，利用公余时间教练国术。自来水厂派马德文兼任国术教师，每月津贴法币 100 万元⑥。7 月，卫生

① 青岛市档案馆馆藏档案，档案号：B0024-001-01222-0077.

② 中央国术馆成立纪念[N]. 青岛公报，1948-3-22（3）.

③ 中央国术馆二十周纪念［N］. 申报，1948-3-23（6）.

④ 市立国术馆摔角班成立［N］. 民报，1948-5-9（4）.

⑤ 国术教员应有证件［N］. 青岛公报，1948-5-19（3）.

⑥ 青岛市档案馆馆藏档案，档案号：B0031-003-00480-0087.

局聘请国术馆杨庆先，每日午后教授太极拳一小时。局长郭致文及该局员工均参加练习①。

7 月，李先良卸任青岛市长。国术馆副馆长高芳先，以馆长之职久悬有碍馆务，于 9 月聘请市长龚学遂兼任，分函通知各练习所（图 4–7）。国术馆定制赤金纪念章一枚，赠送前兼馆长李先良，作为纪念②。

图 4–7　龚学遂先生遗照
（采自《青岛武林百年》）

迫于时局变化，国术馆不得不作出人事调整。1948 年 1 月，第一科科长臧翔枢，升任秘书，遗缺委派于振西兼充；第一科科员孙玉秀，调升第三科副科长，遗缺委派李亚乔兼充。第一科科员刘仲宜辞去会计职务，3 月 9 日起改任文书。会计一缺，4 月 22 日委派孙玑玉兼充。6 月 18 日委派刘金声为视察员（当年病故）。7 月 29 日委派牟绍先为第一科科长。9 月 10 日国术馆兼差职员一律裁撤。馆内职员在各学校兼职者，均调馆服务，并取消副科长职位。馆长、副馆长以下，直辖三个科，职员 9 人（科长在内）。另设一秘书室，由高纶士、臧翔枢兼任秘书，高纶士代理馆长、副馆长处理公文事宜。杨钧韶为视察员。第一科科员胡正嵩、赵书堂二人，由 9 月份起减薪，改支教员薪。教员纪炎昌，由 9 月份起增薪，改支科员薪。常倜斋调回，任第二科科员③。沧口市立中学遗缺，由国术馆师范班第一期毕业学员张孝宽接充④。

1948 年 9 月，济南解放，山东省主席王耀武被俘，青岛已成“孤岛”。12 月，秦德纯被任命山东省主席。进入 1949 年，青岛经济凋敝，

① 国术长足进展［N］. 青岛公报，1948–7–7（3）.

② 国术馆制金章送李市长纪念［N］. 青岛晚报，1948–9–25（4）.

③ 青岛市档案馆馆藏档案，档案号：B0024–001–00376–0133.

④ 青岛市档案馆馆藏档案，档案号：B0027–006–05582–0001.

物资匮乏，饥荒严重。1月26日，国术馆于市府领到工役苞米60斤[①]。国术馆经费更加困难。2月26日，国术馆以分期调训所有120余处练习所教员，印刷用纸不易购买为由，向市府请领[②]。

2月，龚学遂被免职，秦德纯兼任青岛市长。国术馆馆长即由其兼任[③]（表4-3）。4月19日，青岛国术馆拟就《青岛市国术馆1948年度工作报告》《青岛市国术馆1949年度工作计划》，分呈送市府及中央国术馆备案[④]。实乃履行公差而已。1949年度青岛国术馆工作计划，设定五项工作任务。组织30人巡回教育队，划定路线巡回表演。必要时由队中选拔优秀人员，组成临时国术督导队，督导各练习所；举行学生会考，考试科目为拳剑棍刀枪等，合格者发给证书，以资鼓励，不及格者继续训练。因各练习所远近关系，拟分区派员考试；举办国术市考，考试项目分长短兵、拳术、摔角、举重等六项，按成绩优劣分赠奖品，详细办法届时由筹委会议决；续办第三期师范班及第二期摔角班；办理国术教员伏期训练班[⑤]。是时之工作计划，不过一纸空文，无法实施。

表4-3　抗战胜利后青岛市国术馆历任馆长一览表

名　称	职　务	姓　名	起止日期
青岛市国术馆	馆　长	李先良	1946-02—1948-07
	副馆长	高芳先	1946-02—1948-07
青岛市国术馆	馆　长	龚学遂	1948-09—1949-02
	副馆长	高芳先	1948-09—1949-02
青岛市国术馆	馆　长	秦德纯	1949-02—1949-05
	副馆长	高芳先	1949-02—1949-05

① 青岛市档案馆馆藏档案，档案号：B0024-001-01251-0006.

② 青岛市档案馆馆藏档案，档案号：B0024-001-01334-0023.

③④ 青岛市档案馆馆藏档案，档案号：B0024-001-00376-0132.

⑤ 青岛市档案馆馆藏档案，档案号：B0024-001-00376-0133.

5月，秦德纯免职离任，孙继丁继任。青岛陷入解放大军围困之中。民国青岛国术时乖运蹇，徐徐落下帷幕。国术界人士一部分随军赴台，将技艺带至台湾；一部分留在大陆，成为新中国武术发展的基础力量。

6月2日，青岛解放。青岛武术迎来新生。

第五章　人物记略

1920 年，山东军士武术传习所停办，部分山东土著和客籍武林高手先后赴青岛，为青岛武术的传播与发展奠定基础。青岛国术馆成立后，培养出大批国术人才。

高凤岭（1868—1944），字云峰，河北故城人。自幼习武，擅醉拳、猴拳等拳械，是太乙拳、金刚拳在山东的传人。1916 年到济南，曾任山东军士武术传习所教习，山东武术教育讲习所所长，济南商业专门学校武术教员。20 世纪 20 年代中期赴青岛。青岛国术馆成立后，任教务科长。（图 5-1）

图 5-1　高凤岭先生遗照

韩愧生（1869—1926），字星五，河北沧州人。自幼习武，擅长拳、形意拳、戚门十三剑、六合刀等。1912 年前后到济南授徒。1916 至 1920 年任陆军第九师、济南第二师武术教官，及山东军士武术传习所教习。后转往青岛，创办“国技学社”。1926 年病逝于青岛[①]。其子冠洲任教于青岛国术馆，冠英亦为青岛国术名将。

① 昌沧，周荔裳. 中国武术人名辞典［M］. 北京：人民体育出版社，1994：85.

杨明斋（1882—1942），原名杨廷栋，山东阳谷人。1917 年任教于山东军士武术传习所教习，擅长孙膑拳。1926 年，继韩愧生之后主持青岛国技学社。1929 年，青岛国术馆成立后，任编辑科长。1933 年参加第十七届华北运动会，获特别技能冠军。一生授徒甚众。1937 年，与青岛国术馆师生投身抗战工作。1942 年，于河南永城大柳庄对日阻击战中英勇牺牲。（图 5–2）

图 5–2　杨明斋先生遗照
（采自《青岛武林百年》）

向宗鼎（1890—1948），字禹九，湖北长阳人。北平私立中华大学政治经济科毕业，财政部讲习所毕业。曾任山东财政厅科员，胶澳商埠督办公署审计股股长，青岛市财政局第三科科长，青岛国术馆秘书[①]。曾拜高云峰（凤岭）为师，习太极拳、太乙猴拳、金刚拳、醉拳，刀术、枪术、双刀、三节棍等均有造诣。七七事变后返乡。1948 年病逝[②]。（图 5–3）

图 5–3　向宗鼎先生遗照
（采自《第十七届华北运动会总报告》）

尹玉章（1890—1950），字佩瑶，河北冀县人。八卦掌传人尹福之四子。自幼从父学练尹式八卦掌。曾任河北国术馆教员[③]。1930 年，任教于青岛国术馆，著有《八卦掌简编》。

常秉毅（1899—1982），字僩斋，山东梁山人。自幼从齐志牛习武。14 岁入山东军士武术

① 全国运动大会总报告·各组股工作报告［M］. // 民国史料丛刊. 1933，1125：121.

② 长阳土家族自治县地方志编纂委员会. 长阳县志［M］. 北京：中国城市出版社，1992：715–716.

③ 昌沧，周荔裳. 中国武术人名辞典［M］. 北京：人民体育出版社，1994：14.

传习所，拜韩愧生为师习艺，卒业后于该所任教习。通晓多种拳术、器械，尤善散打、摔角[①]。1929年8月至1937年10月，任青岛国术馆科员。1930年10月至1937年8月，兼任青岛李村师范军事教练兼国术教员。1942年，任山东省济南中学军训兼国术教员[②]。抗战胜利后，又任教于青岛国术馆。

高芳先（1914—1980），山东即墨人。青岛国术馆第二届摔角师范班毕业，擅长摔角、形意拳等。1934年，青岛市春运会，获中级组摔角第1名。1935年，冬赛会摔角中量级第1名，射箭第1名。1937年，青岛国术馆师生投身抗战工作，曾任青岛保安大队总队长。1945年10月，兼任青岛国术馆副馆长。1949年6月随军赴台，退役后曾于台中省立体专任国术教员，及东海大学任课外国术指导，并于台中公园义务传授太极拳。

钟英兰（1914—?），女，山东高密人。钟瑞臣之女，幼承家学，长于少林剑及长拳。第十七届华北运动会，与栾秀云、姜爱兰同显身手[③]。

姜爱兰（1916—?），女，山东胶县人。毕业于青岛江苏路小学，幼承家学，长于太极剑[④]、四路查拳、八极拳、埋伏拳等拳械。1935年在青岛无棣路开办第二女子国术练习所。同年10月参加第六届全国运动会，获对拳第1名、单拳第2名。（图5–4）

图 5–4　第十七届华北运动会青岛姜爱兰女士舞剑
（采自《中华月报》1933年第1卷第6期）

① 常秉毅与青岛的摔跤活动［J］. 山东体育史料，1983（2）：43.

② 山东省档案馆馆藏档案，档案号：J101–12–0012–029–005.

③④ 青岛国术女杰［J］. 体育周刊，1933（4）：9.

齐秀兰（生卒不详），女，齐奇海之女。济南历城女子高小毕业，续升中学因家庭经济困难辍学，幼得家学，擅长双钩、双头枪、花枪、长枪、单刀、剑术等①。1935 年，青岛第三届国术市考，获女子总分第 1 名。同年 10 月参加第六届全国运动会。1936 年，于沧口设立国术练习所一处。

栾秀云（1916—1980），女，烟台福山人②。自幼习武，后从杨明斋习练孙膑拳械，擅长剑术。中学毕业后，任教于青光小学，兼任尚德小学女子国术教员，开设第一女子国术练习所，担任私人武术教习。先后参加过 1929 年杭州浙江国术游艺大会（13 岁）、1933 年青岛第十七届华北运动会（17 岁）、1934 年天津第十八届华北运动会（18 岁）国术表演比赛，屡获佳绩。各地报纸纷纷刊登她英姿飒爽的照片，称其"基本功扎实，武艺精湛，华北第一女剑客"。1935 年因与山东国术馆教务长田镇峰对武术的发展、实战用法等有争议，遂在济南、青岛等报纸上展开争论，被谑称为"济青大战"③。

石秀兰（1917—1992），女，山东莒县人。1924 年从家兄石以群习武，后入青岛国术馆师从杨明斋习练孙膑拳，擅长剑术、双钩、对练及散打。1935 年，青岛第三届国术市考，获女子总分第 2 名，长兵、拳术（散打）第 1 名；同年 10 月，代表青岛参加第六届全国运动会。新中国成立后，先后任教于上海路小学、合江路小学。

① 女子冠军齐秀兰家学之探讨［N］. 青岛时报，1935-6-24（3）.

② 青岛国术女杰［J］. 体育周刊，1933（4）：9.

③ 昌沧，周荔裳. 中国武术人名辞典［M］. 北京：人民体育出版社，1994：195.

附录　青岛武术大事记

1920 年　11 月，马良移寓青岛，山东军士武术传习所解体，韩愧生、王子平等随赴青岛。

1922 年　10 月，马良移眷寄居上海。之后，王子平随之赴沪。

1929 年　5 月，青岛国术同仁筹设青岛特别市国术馆。

11 月，参加杭州浙江国术游艺大会及上海国术比赛。

12 月，青岛国术馆成立。

1931 年　6 月，举办第一届国术市考。

10 月，举办第一届国术教员检定。

1932 年　7 月，举办第二届国术市考。

10 月，参加河南开封第十六届华北运动会国术表演。

1933 年　7 月，参加青岛第十七届华北运动会国术表演比赛。

10 月，参加南京第五届全国运动会国术表演比赛。

同月，参加南京第二届国术国考。

同月，举办第二届国术教员检定。

1934 年　10 月，参加天津第十八届华北运动会国术表演比赛。

12 月，青岛市国术馆馆址落成典礼。

1935 年　4 月，参与山东第三届国术省考表演。

5 月，教育局联合国术馆举办中等学校体育毕业会考。

6 月，举办第三届国术市考。

10 月，参加上海第六届全国运动会国术表演比赛。

1936年 7月，举办第三届国术教员检定。

8月，中央国术馆馆长张之江参访青岛国术馆。

10月，教育局联合国术馆举办秋假国术教员训练班。

1937年 12月，青岛市国术界同仁投身抗战工作。

1944年 1月，伪市长姚作宾主持成立健民社，设址于天后宫。

1945年 10月，将伪健民社改为青岛市国术馆。市长李先良兼任馆长，高芳先兼任副馆长。

1946年 6月，举办第一期国术师范班。

11月，举办第二期国术师范班。

12月，举行赛马会，筹募国术馆发展基金。

1947年 10月，举办国术教员检定。

11月，举办国术市考。

1948年 7月，李先良卸任青岛市长、国术馆长。

9月，市长龚学遂兼任国术馆长。

1949年 2月，龚学遂被免职，秦德纯任青岛市长，兼任国术馆长。

6月，青岛解放。

图书在版编目(CIP)数据

青岛武术研究：1920—1949 / 王开文著 .
-北京：人民体育出版社，2019
ISBN 978-7-5009-5539-9

Ⅰ. ①青… Ⅱ. ①王… Ⅲ. ①武术-体育运动史
-青岛-1920—1949 Ⅳ. ①G852.092

中国版本图书馆 CIP 数据核字(2019)第 040946 号

*

人民体育出版社出版发行
北京建宏印刷有限公司印刷
新 华 书 店 经 销

*

787×960 16 开本 12.75 印张 176 千字
2019 年 7 月第 1 版 2019 年 7 月第 1 次印刷

*

ISBN 978-7-5009-5539-9
定价:42.00 元

社址：北京市东城区体育馆路 8 号（天坛公园东门）
电话：67151482（发行部） 邮编：100061
传真：67151483 邮购：67118491
网址：www.sportspublish.cn